JN025463

GUIDE BOOK
of
TAROT
&
ORACLE
READING

一番わかりやすい

タロット＆オラクル READING

コズミックコミュニケーター®

りえ

::: unicorn in the mirror :::

日本文芸社

TAROT & ORACLE CARD

MESSAGE >>> FOR YOU!

これからカードリーディングを始めるあなたへ、
「宇宙さん」からメッセージがあります。

A〜Dの中から、
直感で1組を選びましょう。

⋛ A ⋚

TAROT　　　ORACLE

⋛ B ⋚

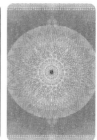

TAROT　　　ORACLE

⋛ C ⋚

TAROT　　　ORACLE

⋛ D ⋚

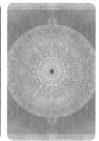

TAROT　　　ORACLE

GO TO THE NEXT PAGE! ➤➤

≈ A ≋ を選んだあなたへ

TAROT

4
THE EMPEROR
皇帝

ORACLE

18
DEER SPIRIT
（シカのスピリット）
Bring a gentle touch.
（優しくしてください。）

理性にとらわれないで
自分にも人にも優しく

「皇帝」のカードは男性性を表し、あなたが計画を立てながら夢や目標を叶えていける有言実行タイプの人であることを表しています。しかし、男性性が強過ぎるとロジック偏重になり、人への優しさが不足しがちに。シカのカードからのメッセージは自分にも人にも「優しく」。男性性のロジカルな思考に女性性の直感力をバランス良く組み合わせれば、夢や目標を叶えられるでしょう。

2枚のカードを通して宇宙さん

≈ C ≋ を選んだあなたへ

TAROT

13
DEATH
死神

ORACLE

27
FOX SPIRIT
（キツネのスピリット）
Think on your feet.
（すぐに決断してください。）

新たな出会いを楽しみに
変化を恐れず受け入れて

「死神」のカードの意味は、終わりと始まり、出会いと別れ。キツネのカードからのメッセージは「すぐに決断して」。あなたは今まさに変化の中で、落ち着かない気持ちでいるかもしれません。しかし変化の後には新たな出会いがあります。表面的な事象にとらわれず、しっかりと地に足を着けて進みましょう。2つのカードの数字を足すと表れる40の4は天使の数字。あなたが天使に見守られている証です。

⇒ B ⇐ を選んだあなたへ

「その時」がくるのを
焦らず、気長に待とう

TAROT

ペンタクルの **10**

ORACLE

53
SEAHORSE SPIRIT
（タツノオトシゴのスピリット）
Watch and wait.
（成り行きを見守ってください。）

「ペンタクルの10」のメッセージは、「豊かな家族」「理想の豊かさの完成」。一方、タツノオトシゴのカードからは「成り行きを見守る」というメッセージが。あなたには今、「なかなか手に入らない」と焦っているものがありませんか。もしそうなら、心配しなくても大丈夫。あなたは正しい努力をしていますし、その努力はきっと報われます。焦らず、「その時」がくるのを気長に待ちましょう。

からあなたへのメッセージは？

⇒ D ⇐ を選んだあなたへ

内なる情熱を解放し
アウトプットする時

TAROT

ペンタクルの **8**

ORACLE

68
WOMBAT SPIRIT
（ウォンバットのスピリット）
Be at home.
（居心地の良さを感じてください。）

私は「ペンタクルの8」を「職人カード」と呼んでいます。この職人が作るものはクオリティが高いと評判なので、宇宙さんからも「早く作って！」と求められているようです。ウォンバットのカードからは「居心地の良さを感じて」というメッセージが。あなたには、やりたいことがすでにあるはず。自分の力を出し惜しみせず、自宅のような心地良い空間で集中して取り組めば、飛躍的な成功が得られるでしょう。

はじめに

こんにちは、りえです！
みなさんの中には、
前著『一番わかりやすい　はじめてのオラクルカードREADING』を
読んでいただいた方もいらっしゃるかもしれません。
オラクルカードを使ったリーディングの
おもしろさをお伝えしたこの本では、
うれしいことにたくさんの反響をいただきました。
そこで今回はカードリーディングのさらなる魅力をお伝えすべく、
タロットカードのりえ流解釈とともに、
タロットとオラクルの両方を使った
リーディング方法をご紹介したいと思います。
もちろん、どちらかひとつでもリーディングはできますが、
両方あわせて使うことで、より解釈の幅が広がり、
深みのあるおもしろさを体感していただけると思います。

「2種類のカードを使うなんて難しそう」と
感じるかもしれませんが、特別なスキルを身につけたり、
難しい知識を覚えたりする必要は全くありません。
リーディングをする上で一番大切なことは、
「自分軸」を持ち「直感」を使うことです。
この2つを意識しながらカードと向き合えば、
自分の心にスッと入ってくる解釈ができるようになりますよ。
まずは、たどり着きたい理想の未来を思い描くこと。
それに対し、あなた自身がどう感じ、
これからどうしていきたいのか。
この本の解釈を参考にしながら、
あなたが導く、あなただけのオリジナルの解釈を、
ぜひ見つけてくださいね。

CONTENTS

PART 1 カード リーディングの基本

COLUMN

PART 2 タロットカードを読み解こう

PART 3 リーディングを してみよう

りえ流カードリーディングとは?

　私が行っているカードリーディングは、いわゆる「占い」とは異なります。

　占いとは、無限に広がる未来の可能性の中から、あるひとつをピックアップして見せるものだと、私は捉えています。

　しかし、未来とは「今この瞬間」の積み重ねでしかありません。今の自分の決断や選択の積み重ねが、その先の未来をつくっていきます。ですからこの先に訪れる可能性のようなものは漂っていても、決定されていることはまだ何ひとつとしてありません。重要なのは、自分が何を考え、どんな選択をし、どのような行動を起こすか。自分次第でどんな未来も可能になると私は考えています。

　つまり未来とは、自分自身でつくるものなのです。

　意見がわかれる部分ではありますが、占いとは統計や学問的な「ロジック」に基づいて、厳正に鑑定を行うものという印象を私は

持っています。一方、私の行うリーディングは「直感」を最も重視しています。カードを見た瞬間の心身のリアクションや頭に思い浮かぶ映像、リーディングの最中に外から聞こえる音など、「ロジック」だけにとどまらず、その場のすべてをメッセージの材料にします。

　占いもリーディングも「ロジック」と「直感」の両方を使うと思いますが、リーディングの方が、より地球や宇宙と一体となって呼吸をするようにメッセージを生み出すような壮大さを感じます。

　このように、カードを使いながらも、カードの解釈そのものにとどまらない自由なリーディングが、りえ流リーディングです。ぜひ楽しんでください！

この本の使い方

PART **1** カードリーディングの基本

まずはタロットカードとオラクルカードの違いや、それぞれの特徴を紹介します。カードリーディングの仕組みや行う上での心構えを知っておくことで、リーディングの充実度がアップ！

↓

PART **2** タロットカードを読み解く

大アルカナ22枚、小アルカナ56枚から成るタロットカードのメッセージを１枚ずつ読み解いていきます。だいたいの意味や読み解き方を把握できれば十分！　すべてを覚えようとする必要はありません。

↓

PART **3** リーディングをしてみよう

カードについて一通りインプットしたら、実践あるのみ。ここでは質問の立て方をはじめ、カードの引き方やシャッフルの仕方、スプレッドのパターンなど、具体的なやり方について紹介します。

↓

PART **4** リーディング力をアップさせよう

さらにリーディングを楽しむために、タロットカードとオラクルカードの組み合わせ方や、リーディングの実例を見ていきます。書き込み式のワークで、リーディング力をどんどん高めていきましょう！

PART

1

カード
リーディングの
基本

カードリーディングで
描く未来に近づける

カードリーディングは

理想の未来に近づく

方法を教えてくれる

頼れるツールです。

カードリーディングをすることは、理想の未来に近づくための方法を導き出したり、自分の頭の中を整理整頓してすっきりさせたりすることにつながります。特に漠然とした不安や悩みを抱えている時、「なぜ自分がそういう気持ちになっているのか」「どんなことにモヤモヤしているのか」といった自分の本当の気持ちを知るための手助けをしてくれます。そうして心の中の不安やモヤモヤを取り払うことで視野がクリアになり、目指すべき方向性や到達できる場所が見えてくるのです。

　また、現在や将来についてはもちろん、過去についても読むことができるなど、カードリーディングは人生のあらゆる場面であなたを支えてくれる心強い存在なのです。

POINT 1

心のモヤモヤを
解消し、視界を
クリアにしてくれる

「いい出会いがない」「転職しようか迷っている」など、心にモヤモヤした気持ちを抱えている時にオススメ。進むべき方向が見えてくることで気持ちがスッと落ち着き、自分を客観視できるように。

POINT 2

現在地を俯瞰し
軌道修正できる

自分が何かを決断しようとしている時、「このまま進むとどこに到着するのか」「この方向性で合っているのか」を確認することができます。カードを通して人生を俯瞰することで、軌道修正が可能に。

POINT 3

過去の出来事の
「答え合わせ」も
可能

現在や将来のことだけでなく、過去の出来事についてもリーディングできます。その体験にとのような意味があったのか、どういう学びを得るためのものだったのかを知ることは、前に進む力になります。

POINT 4

素朴な質問にも
アドバイスを
くれる

「今日を気持ち良く過ごすためのアドバイスをください」というような、日々の素朴な質問をするのもOK。カードとのおしゃべりを楽しむような気持ちで、気軽にたずねてみましょう。

2

カードリーディングは
高次元の「宇宙さん」と
つながるためのツール

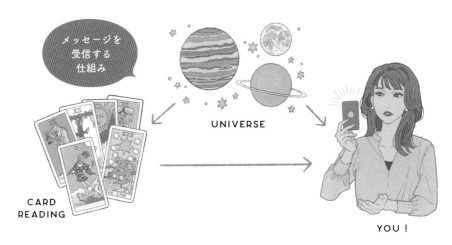

メッセージを
受信する
仕組み

UNIVERSE

CARD
READING

YOU！

カードリーディングを通じて、私たちにメッセージを届けてくれる存在を、私は「宇宙さん」と呼んでいます。宇宙さんはあまりにも波動が高く、高次元の存在であるため、私たちが宇宙さんからのメッセージを直接理解することは難しいかもしれません。

　そこで、カードを通すことにより、宇宙さんからのメッセージを翻訳＆視覚化できるカードリーディングの出番です。宇宙さんはその高次元のメッセージを、私たちの次元に存在するカードを使ってもたらしてくれます。そうすることで、私たちにも理解しやすいメッセージとなるのです。つまりカードリーディングとは、偉大な存在である宇宙さんと私たちが同じ波動にいなくてもつながることができる、電話のように便利なツールなのです。

宇宙さんは私たちの一部

宇宙さんは、この世界を創造した存在です。世間一般では、神様や光、愛などと呼ばれています。この世のものはすべて宇宙さんからできており、実は私たち人間もその一部！　ですから自分の内面の奥深くをのぞき込むことは、宇宙さんとつながることにもなるのです。カードリーディングにおいて、自分と向き合うこと＝内観することが大切な理由も、まさにそこにあります。

チャネリング＝リーディングは
誰にでもできる

私は、宇宙さんにアクセスし、メッセージを受け取る行為を「チャネリング」だと思っています。「チャネリング」というと「なんだか難しそう」「特別な能力が必要なのでは？」というイメージを抱く方もいるかもしれません。でも心配しなくても大丈夫、カードが宇宙語を視覚化してくれます！　カードとは、誰もが高次元の存在と簡単にお話しできるようになるチャネリングツールなのです。

基本

3

宇宙さんからのメッセージを
直感的に受け取ろう

> 直感は誰にでもある！
>
> リーディング中に
>
> 思い浮かんだ
>
> あらゆることが
>
> ヒントになります。

り え流カードリーディングでは「直感」を何よりも重視します。よく「自分には直感がない」「直感を働かそうとしても何も感じない」と言う人がいますが、直感は誰にでもあります。直感が「ある」か「ない」かは、直感を「信じている」か「信じていない」かの違いなのです。たとえば、カードの絵柄を見て「過去のある出来事がよみがえった」ならその経験の中に、キーワードを見て「あることを連想した」ならその連想の中にヒントがあるはず。カードに付属する解説書などを見て意味を調べるのは簡単ですが、直感を働かせることで、より自分にとって必要なメッセージを受け取れるようになります。慣れるまでは練習が必要かもしれませんが、根気よく直感を磨いていきましょう。

絵柄をよく観察し、感じよう

カードの絵から思い浮かんだことは、すべてリーディングのヒントに。絵を丁寧に観察し、自分の心に思い浮かんだことに注目しましょう。たとえば同じ犬の絵柄を見ても感じ方は人それぞれ。昔飼っていた犬のことを思い浮かべる人もいれば、犬から「愛らしい」「忠実」というキーワードを受け取る人もいます。そうしたカードそのものと、カードから受け取ったものの観察を続けることで、心から納得できる深い解釈にたどり着くことができます。

書き出すことで、直感力を高めよう

頭の中であれこれ考え出すと、リーディングが止まってしまうという人がいます。「つい頭で考えてしまいがち」という人は、頭に浮かんだことをどんどんアウトプットしてみましょう。アウトプットの方法としては、ノートに書き出す他、動画や音声などに記録するのもオススメです。内容をジャッジせずに（否定や批判を行うエゴが介入するスキを与えず）、ニュートラルな立場で出しきることが大切。直感で捉える習慣が身につきます。

カードリーディングに
必要なのは自分軸！

> カードリーディングでは
> 質問の仕方に自分の
> スタンスが表れます。
> 「自分軸」を意識しながら
> たずねましょう。

リ ーディングを始める上で意識しておきたいのが、「自分軸を持つ」ということです。自分軸を持つとは、自分の意志でものごとを決断・行動し、自分に責任を持つことです。

　私たちは、世間で「良い」とされているものをそのまま自分に当てはめようとするなど、「他人軸」で生きてしまうことがあります。たとえば「結婚して家庭に入り、子育てをする」という人生は、世間一般で言われている幸せの形のひとつかもしれません。しかし、世間の価値観が、自分に丸ごと当てはまるとは限りません。自分にとって本当に必要なものは何か、どのような人生を歩んでいきたいのか。「自分軸」を持つことで、カードリーディングをする際の質問の仕方がおのずと変わってくるはずです。

CHECK LIST

あなたはどう？

他人軸度チェックリスト

「ひょっとすると私、他人軸になっているかも？」と思った人は
チェックリストで確認してみましょう。5つ以上当てはまる人は
他人軸の生き方になっている可能性が高いかもしれません。まず
は自分の正直な気持ちと向き合うことから始めましょう。

- ☐ 「何で〇〇してくれないの？」が口癖
- ☐ 人からの評価や褒め言葉がなければ、
  自分のがんばりを認められない
- ☐ 欠乏感を人に埋めてもらおうと求めている
- ☐ 人に愛されているという自信がない
- ☐ 人や占いに、決断を任せることが多い
- ☐ 人の顔色をうかがい、本音が言えない
- ☐ 誰かの期待に応えたい、失望させたくないと思う
- ☐ 人から「こう思われたい」「こう言われたい」
  という気持ちが強い
- ☐ 人に対し、自分の思い通りに動いてほしいと
  思う傾向が強い
- ☐ 誰かを見返したい、または自分の方が
  優れていると見せつけたいから努力する

WHAT?

タロットカードと
オラクルカードって
どんなカード?

   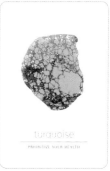

TAROT CARD   ORACLE CARD

それぞれのカードについて名前は聞いたことがあっ
ても、「違いがよくわからない」という人は多いと
思います。リーディングを始める前に、カードごと
の特徴や性格をインプットしておきましょう。

タロットカードとは

起源については諸説ありますが、もともとは14世紀ヨーロッパでゲーム用カードとして用いられた56枚のカードだったと言われています。その後、15世紀に入ってから現在の78枚になり、神秘的な解釈を持つカードとして用いられるようになったそう。78枚で1セットとなったカードを「デッキ」と呼びます。本書では、一般的に広く知られているライダー版で解説します。

オラクルカードとは

「神託」を意味する「ORACLE」。枚数や絵柄が決まっているタロットカードに対し、オラクルカードには特別な決まりがなく、すべて制作者のオリジナル。タロット同様、カード1セットをデッキと呼び、多くの場合、デッキ以外に専用の解説書が付属されます。解説書がなくてもリーディングはできますが、最初のうちは日本語版の解説書があるものを使うと心強いでしょう。

TAROT CARD

タロットカードは22枚の「大アルカナ」と56枚の「小アルカナ」から構成され、78枚で1セットになります。大アルカナにはそれぞれ人物や自然、「正義」などの概念が、小アルカナには数や人物が描かれています。

大アルカナ

一般的に「タロット」と聞いて思い浮かぶのは大アルカナのカードではないでしょうか。22枚のカードで構成される大アルカナには、さまざまな人物や情景が描かれていますが、人生における重要な局面を表していると言われています。「0 愚者」として生まれた魂が旅を始め、「1 魔術師」で何かを成し遂げようと意志を持ち、さまざまな経験をした後、「21 世界」で完成します。

小アルカナ

56枚のカードで構成される小アルカナはトランプのもとになっていると言われています。小アルカナの4つのスート（マーク）である、ワンド・カップ・ソード・ペンタクルは、トランプのクラブ・ハート・スペード・ダイヤの原型と言われています。各スートにはエースから10までの数札10枚と、ペイジ・ナイト・クイーン・キングが描かれた人物カード4枚があります。

ORACLE CARD

オラクルカードのモチーフは天使や女神の他、動物や植物、幾何学模様など多種多様です。各カードには、キーワードや一言メッセージが添えられており、絵柄とあわせて解釈をする際の手がかりになります。

◦ 天使系カード

宇宙さんからのアドバイスを届けてくれるメッセンジャーの代表格。ミカエルさん、ガブリエルさん、ラファエルさんなどひとりの天使に特化したデッキもあり、各天使の特徴がメッセージにも表れています。

◦ 神様・女神系カード

地球上に住む私たちよりも波動が高く、宇宙さんに近い高次な存在です。そのため、広い視野を持っています。人生のテーマや自分の使命などといった、壮大な問いにも答えてくれます。

◦ 動物系カード

動物や昆虫は、私たちと同じように地に足を着けて生きているので、日常生活や生き方の他、物質的な質問に答えるのが得意です。また自分の本音を探りたい時にも使いやすいカードです。

◦ 自然系カード

草花をモチーフにしたカードにはヒーリングの効果が、鉱石をモチーフにしたカードには浄化の効果が期待できます。思い悩む気持ちをリラックスさせたい時にもオススメです。

TAROT CARD

具体的な助言をくれる
ロジカルタイプ

タロットカードはロジカルで男性的なため、具体的なアドバイスをくれる反面、感情面の相談には非常にクールです。「出世するためのアドバイスを教えて」といった質問には向いていますが、「失恋した。慰めて！」といった相談にはあまり向いていないかも。その時々の気分やほしいアドバイスに合わせて、タロットカードを上手に使いましょう。

こんな時はタロットカード

目標達成や何かに挑戦する際の具体的なアドバイスがほしい時にオススメ。自分がどのように動いたらいいのか、目標達成までの筋道を整理することができ、やるべきことが明確になります。時には厳しいアドバイスが出ることもありますが、あくまで理想の未来にたどり着くための愛のムチ。夢や目標に向けて背中を押してくれていると思って、前向きにメッセージを受け止めましょう。

向いている質問

・夢を実現するためにすべきことは？

・仕事で出世するためのアドバイスを！

・結婚するために必要なステップは？

・今、私が向き合うべき課題は？

ORACLE CARD

励ましたり慰めたりしてくれる
寄り添いタイプ

オラクルカードは女性的で、優しく励ましたり、慰めたりと感情に寄り添ってくれます。動物が好きならアニマル系、占星術が好きなら星座や月をモチーフにしたものなど、自分の興味のあるものがテーマになったカードなら、より使いやすいはず。カードとの絆が深まれば深まるほど、そこに込められたメッセージをすぐに理解できるようになるでしょう。

TRANSFORMATION

こんな時はオラクルカード

悩んだり、傷ついたりした時にオススメ。宇宙さんが、その時のあなたにふさわしい応援メッセージを届けてくれます。また、宇宙さんはあなた自身が気づいていない本音や願いも知っています。何かを決めかねている時や、自分を見失いそうな時には、友達に相談するような感覚でリーディングをしてみましょう。

SUCCESS

I know that there is
no greater goal than to love

向いている質問

・ケンカした友達と仲直りするには？

・失恋して落ち込んでいる私にメッセージを。

・今日1日をいい日にするには？

・私の人生の使命を教えて！

絵画を鑑賞するような気持ちで「読む」より「感じる」

TAROT CARD

数字や色から
連想したことを
意識しよう。

人物の
表情や動き、
服装などに
注目しよう。

背景にある
建物や自然の
風景などに
目を向けて。

周囲の
キャラクター
にも注目を。

THE FOOL.

まずはカード全体を眺めて、気になるところを観察しましょう。そこから連想することにリーディングのヒントがあります。また、タロットカードにはそれぞれ意味やキーワードがあります。そこから連想したものごとを自分の質問と照らし合わせて答えを導き出しましょう。ビギナーさんほど教科書的な解釈にとらわれがちですが、直感を働かせることで自由な発想による解釈を楽しんでください。

リーディングでは、カードを「読む」より「感じる」ことが大切です。絵画を鑑賞するような気持ちで、カード全体をよく観察しながら、そこから受け取った印象を大切にして。目についたものがあれば、そのシンボルの意味などを掘り下げていきましょう。

ORACLE CARD

カード全体から
感じ取った
印象を大切に。

絵柄の色や
タッチにも
注目。

目についた
シンボルから
連想を。

メッセージから
連想したことを
意識しよう。

△

THE EVER-UNFOLDING ROSE
Cracked open. It's happening for you, not to you.

前作も
見てね！

より自由な解釈ができるオラクルカードでは、カードに書かれたメッセージをはじめ、絵柄全体から受け取る印象を大切にしましょう。光や風を感じるタッチや温かい印象の色味などもリーディングのヒントになります。また特定のシンボルに惹かれた時はメッセージが隠れているサインです。それぞれのシンボルの意味を知っておくと、解釈がしやすくなります。

『一番わかりやすい
はじめての
オラクルカード
READING』

タロットカードは怖くない！

タロットカードに対し、なんとなく「怖い」という印象を持っている方もいると思います。なぜ「タロット＝怖い」というイメージがあるのかというと、その昔、一部の人たちがタロットカードを独占するために、「怪しい」「怖い」といったイメージを植えつけようとしたという説があります。しかし、私の考えでは、タロットカードは宇宙さんからのメッセージを受け取るためのツール。宇宙さんには「怖がらせよう」という意図は全くないと思いますし、カードを引いた人に対し「ポジティブな波動で生きてほしい」と願っていますから安心して使ってくださいね。もし、「死神」や「悪魔」など「怖い」と感じるカードが出たとしても、必ずしもネガティブな解釈になるわけではありません。解説ページの「ポジティブな位置で出たら」を参考にする他、ニュアンスを確認するための「補助カード」（P.128）を１枚引くのもオススメ。補助カードに明らかにポジティブなカードが出れば、前向きに受け取っていいことがわかります。

PART

2

タロットカードを
読み解こう

POINT

りえ流タロットカードリーディングのポイント

POINT 1

直感で カードを 捉える

タロット占いには決まった意味や解説があり、それに則して解釈をしていくイメージがある方も多いでしょう。しかし、私は何よりも絵や文字から直感的に受け取った印象やメッセージを大切にしています。そのため、同じカードでもその都度、印象が変わったり、絵柄の別のところが気になったりします。一般的なロジック型の占いより、私はこのような自由な解釈を楽しめる直感型が好きですが、どちらが良い・悪いということではありません。

POINT 2

逆位置は とらない

一般的なタロット占いでは、正位置と逆位置（絵柄が上下逆さまで出た状態）で解釈が異なりますが、私のリーディングでは逆位置をとりません。直感を大事にすることでカードの印象から必要なメッセージを受信することは可能ですし、正位置も逆位置もひっくるめて解釈して支障はないと感じています。たとえば、「死神」のカードは通常、正位置は「終わり」、逆位置は「再生」と読みますが、私はどちらも「終わりと始まり」と読みます。

大アルカナ
22枚のメッセージ

大アルカナがそろうほど
重要度UP！

大アルカナは、人生における重要な場面や出来事、また大きな学びを表すカードです。多くの人が経験するようなことが描かれています。大アルカナが場にそろえばそろうほど、メッセージの重要度は高まります。今注目すべき大きな学びがあることを示します。

自分の星座カードは
自分の象徴

タロットは12星座と対応しています。自分の星座に該当するカードが出た時は、自分を象徴するカードが出たと解釈できます。「その状況において、自分に影響力やパワーがある」「ありのままの自分でいこう！」など、前向きに捉えましょう。

ページの見方

カードのタイトル

キーワード

りえ流解釈

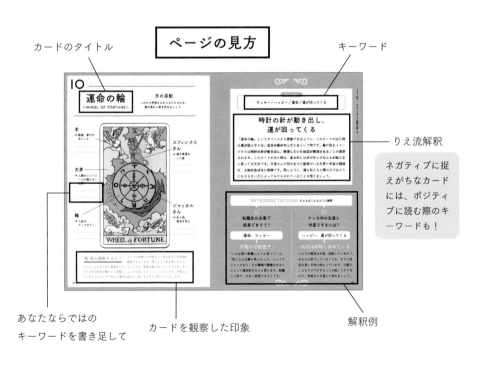

ネガティブに捉えがちなカードには、ポジティブに読む際のキーワードも！

あなたならではの
キーワードを書き足して

カードを観察した印象

解釈例

愚者
≈THE FOOL≈

自分自身を100％信頼している最強マン!!

これまで誰も成し遂げたことがないことに挑戦する、恐れを持たないパイオニア。

頭の羽
→ 楽観的、自由

上向きの顔
→ 希望を持っている

崖
→ 先が見えない

太陽
→ 明るさ

少ない荷物
→ 過去は捨てた

白いバラ
→ 浄化の象徴

犬
→ 信頼できるパートナー

THE FOOL.

👁 絵を観察すると？

少ない荷物は、過去を捨ててさっぱりした様子を表しています。左手に持った白バラが浄化の象徴であることからも、過去を清算したことがわかります。崖の先に道はなく、この先どうなるかはわかりませんが、太陽が出ているので未来は明るい模様。成功のポテンシャルにあふれています。傍らに犬がいることから旅の仲間ができるかもしれません。

パイオニア／旅立ち／自由／希望を信じて恐れを捨てる

無謀と言われても自分を信じ、恐れを捨てたパイオニア

希望を信じ、恐れを捨て、最小限の荷物で出発する旅人のカードです。新たなスタートを象徴するとともに激励しています。愚者はこれから、**これまで誰も成し遂げたことがないことに挑戦**しようとしています。彼の行動は、周囲からは無謀に見えるかもしれませんが、本人は決してそう思ってはいません。それは「**自分なら必ず成し遂げられる**」という確信があるから。彼のことを「愚者」と馬鹿にしていた人たちも、この人が実際に成功を手にした時には、その道の「パイオニア」だと賞賛することでしょう。

INTERPRETATION たとえばこんなふうに解釈

Q.1
気になる相手がいるのでアドバイスがほしい！

希望を信じて恐れを捨てる

ワクワクする気持ちを選ぶ

愚者はワクワクした気持ちを後押ししてくれるカード。リスクはあるかもしれませんが、自分の中のワクワクを選んで交際をスタートさせてみましょう。飛び込んだ先で、新たな関係が築けるはず。

Q.2
将来の夢に親が反対。理解してもらうには？

パイオニア・自由

自分を信じ、道なき道へ

悩んでいる時にこれが出たら「オリジナルでいい」というメッセージ。人から無謀だと言われたり、理解が得られなかったりしても気にしないで。道なき道を進んだ先に明るい未来が待っています。

魔術師
≈THE MAGICIAN≈

引き寄せマスター

もはや「信じる」を通り越して、
実現できると「わかっている」人です。

赤いバラ
→ 愛、情熱

**天に
掲げた手**
→ 宇宙さんから
　アイデアを受信

アイテム
→ 全部のスートが
　そろっている

**インフィニティ
マーク**
→ ひらめき、
　とどまることの
　ない発想力

白いユリ
→ マリア様の
　シンボル

🔍 絵を観察すると？

頭上のインフィニティマークは、とどまることの
ない発想力やひらめきを表現。片手は天を、片手
は地面を指していることから、宇宙さんから受信したアイデアを現実化しているよう
です。白いユリはマリア様や大天使ガブリエルさんと関連のある花。ふたりから連想
される「受胎告知」のように、伝える・発信するといったアウトプットが必要かも。

目標や夢が明確／準備ができている／
先延ばしにしない／YOU CAN DO IT

確かな夢や目標に対し、
叶え方を熟知した魔法使い

「魔術師」は、その名の通り魔法使いのカード。テーブルの上には小アルカナのスートであるワンド、カップ、ソード、ペンタクルがすべてそろっています。このカードを引いた人は、すでに明確な夢や目標を持っているはず。願いを叶えるために必要なアイテムがそろっていることから、自分の願望がわかっていて、なおかつそれを叶えるための手段も知っているよう。もし、何かをやろうかどうか迷っている時にこのカードが出たなら「早くやって」「先延ばししないで」と言われています。

INTERPRETATION たとえばこんなふうに解釈

Q.1

留学を考えているけど、
今がベストなタイミング？

準備ができている

行動しながら学ぼう

このカードが出たなら、すでに準備は整っています。「もっとリサーチした方がいいのでは？」などと迷っているかもしれませんが、あとは行動しながら学べばOK。留学に向けて迷わず行動を。

Q.2

自分に自信が
持てない…。

YOU CAN DO IT

過小評価しないで！

自分のことを過小評価している可能性があります。魔術師はすべてのアイテムを持った、何でもできる人ですから、自信を持って大丈夫。経験やスペックを見直して、自分のことを正しく評価して。

女教皇

~ THE HIGH PRIESTESS ~

動かず騒がず、内なる自分に答えを求める

直感が強く、自分の中に
淡々と知識を蓄えています。

黒と白の柱
→ その間で答えを
模索している

**柄の多い
タペストリー**
→ 豊富な
知識・知恵

**手に
隠し持って
いるもの**
→ 秘密の情報

**背景の
おだやかな
水**
→ おだやかな
感情の象徴

月
→ 直感、月が地に
着いている＝
ヴィジョンの
現実化

THE HIGH PRIESTESS

👁 絵を観察すると？

黒と白の柱の間に女性が座っています。「黒」と
言う人と「白」と言う人がいる中で、自分はどう
思うのかを考えているようです。また、女性の背後にあるタペストリーには柄がすみ
ずみまでぎっしりと描かれています。そこから連想されるのは、この人は知恵や知識
を豊富に持っていて、それを発展させるパワーも持ち合わせているということです。

直感／内観／知識・叡智／静／瞑想／忍耐

忍耐強く、静かに
自分自身と向き合う時間

「女教皇」は「静」か「動」かで言うと、**「静」のカードであり、忍耐強く内観を通して答えを求めているイメージ**があります。彼女は自分の感情を処理するのが上手く、淡々と落ち着いているように見えます。また、足元に直感を連想させる月があることから、**相当、直感力が強い**ということがわかります。宇宙さんとのつながりも強く、静かに知恵や知識を蓄えながら、**自分の中に答えを求めている**よう。このカードが出た時は、積極的に動くよりも**忍耐強く、自分の内側を見つめる時間を大切に**しましょう。

INTERPRETATION たとえばこんなふうに解釈

Q.1
好きな人に告白するのに
ベストなタイミングは？

静
↓
自分の気持ちは秘密に

今はプラトニックな関係の方が良さそう。行動は起こさず、自分の気持ちは秘密にしておくのがオススメ。今の関係を続けた先に、もっと良いタイミングが訪れるか、別の答えが見つかる可能性も。

Q.2
子どもの帰りが遅く心配。
どう対応したらいい？

忍耐、静、内観
↓
タイミングを待って

お子さんのことが心配かもしれませんが、今は黙って静観しましょう。ひょっとすると、相手に多くを求め過ぎているから解決しないのかも。相手を責める前に、自分の言動を見つめ直してみましょう。

3

女帝
⇒ THE EMPRESS ⇐

無から有を生み出す
豊穣の女神

クリエイティブな実力を発揮し、
夢や目標を創造していきます。

ステッキ
→ 宇宙さんから
　 アイデアを受信

椅子
→ 優雅さ、
　 くつろぎ

金星マーク
→ 美と愛に
　 あふれる

Ⅲ

THE EMPRESS.

**星の
ついた冠**
→ 美的センス、
　 おしゃれ

滝
→ 豊かさの象徴

麦
→ 食べ物が実る、
　 豊かな暮らし

✎ 絵を観察すると？

自然に囲まれた場所で、椅子にゆったりと腰かけ
る女性。生い茂る緑や豊かに実った麦など、美し
い自然を上手に管理しながら育てている様子から、彼女は母性あふれる女性であるこ
とがうかがえます。また、椅子の下にあるハートの中には、美と愛を象徴する金星の
マークがあり、彼女自身が美と愛を豊富に持っていることを連想させます。

クリエイティブ／創造力／動／母性

夢に向かって創造力と行動力を発揮する時

「女帝」の最大のテーマは**豊かさと豊穣**です。このカードが出た時は、**創造力にあふれている時**です。女帝は**無から有を生み出す**ことから、**クリエイティブランキング（P.142）でも2位の創造力**を誇ります。自分の夢や目標に向かってアイデアを生み出し、**どんどん行動を起こしてアウトプット**していきましょう。また、ゆったりとした服を身にまとい、ふっくらとしている彼女は妊娠しています。パートナーシップに関する質問でこのカードが出たなら、**母性や妊娠**といったキーワードがポイントになりそう。

INTERPRETATION たとえばこんなふうに解釈

Q.1
もっとお金を得るためにできることは？

クリエイティブ、創造力

アイデアを形に

クリエイティビティを発揮することでお金を生み出せそうです。自分の中にあるアイデアを外に向かって発信しましょう。自分にしか生み出せない企画の中に、ビジネスの糸口が見つかるはずです。

Q.2
交際相手とより良い関係を築くには？

母性

優しく包み込む気持ちで

パートナーシップに関する質問でこのカードが出たなら、母性の重要性を指摘されている時。広い心で相手を受け入れながら、自分自身も優しく包み込むような気持ちで、ゆったりと構えましょう。

4

皇帝
☙ THE EMPEROR ❧

ロジックを使いこなす
ザ・有言実行マン

明確な目標に向かって計画を立てながら
着実に実行していきます。

ひげ
髭 → 成熟

赤い服
→ ルートチャクラ
（P.147）の色、
生きる上での根
本のエネルギー

よろい
鎧
→ ガードの堅さ、
近寄りがたい、
位が高い

**切り立った
山**
→ 切りひらいて
今ここにいる

**羊の
モチーフ**
→ 牡羊座さん

牡羊座さん
カード

👁 絵を観察すると？

赤はルートチャクラの色。7大チャクラの中でも
最も地球に近い場所にあり、グラウンディングに
必要なチャクラです。そんな赤色の服を全身にまとっている皇帝は、自分の夢や目標
をしっかりと現実化し、成し遂げる意志と行動力のある人。また立派な鎧を身につけ
ていることから、彼が位の高いリーダーやボスであることがうかがえます。

男性性／リーダー／ロジック／段取り／計画性／牡羊座さん

計画性を重視しながら 一歩ずつ目標を達成する

「皇帝」はひとつ前の「女帝」と対のカードであり、**父性や男性性を象徴**しています。**ロジックや段取り、計画性などを重んじて実行するのがこの人のテーマ**です。と言うのも、一国の主である彼には明確な目標があります。そこにたどり着くために必要なことをきちんとリストアップし、優先順位を決めながら、**ひとつずつノルマを達成していくことで着実に目標を達成**していきます。ですからこのカードが出た時は、むやみに動き出そうとせず、**ロジックや段取りをきちんと立ててから行動しましょう。**

INTERPRETATION　たとえばこんなふうに解釈

Q.1
スプレッドの「未来」に
このカードが出たら…。

リーダー

メンバーを引っ張る立場に

未来のポジションで出たなら、自分が主体となって、組織の中でメンバーを率いていく役割が待っているようです。自分自身のリーダーとして、しっかりと「自分軸」を意識しようというメッセージも。

Q.2
気になる相手に
どう接するのがベスト？

男性性、計画性

自分から積極的に提案を

主導権を握ってリードした方が、ものごとが上手く運びそうです。自分からごはんに誘ってみる、デートスポットをリサーチして提案してみるなど、積極的かつ計画的にアプローチしましょう。

5

教皇
～THE HIEROPHANT～

王道 ⇔ 個性

王道な人は個性的に、個性的な人は王道に、
スタイルを変えてアウトプット。

牡牛座さん
カード

柱
→ 建物や国を
支える

**重厚感の
ある建物**
→ 王道感のある
色や形

交差した鍵
→ 宇宙さんからの
メッセージ

人物の服装
→ 個性的な装い

バラ柄
→ 愛、情熱

**話を聞いて
いるふたり**
→ 教皇の話を多く
の人に伝える

🔍 絵を観察すると？

中央に腰かける教皇は両手を上げ、宇宙さんから
のメッセージを受信しています。厳かな雰囲気の
十字架や鍵、至るところにちりばめられたシンボル、重厚な柱を見ると、宇宙さんの
メッセージがいかに重要視され、なおかつ繁栄につながってきたかがうかがえるよう。
「女教皇」と似た構図ですが、人に伝えるという動きが加わっているのが特徴です。

王道／型破り／個性／契約／
宇宙さんからメッセージを受け取る／牡牛座さん

これまでとは別の方法で
アウトプットする

「教皇」が出た時は、**今までのやり方やアウトプットの方法を見直す**と良いでしょう。手堅い王道スタイルを貫いてきた人は個性的な手法を試し、逆に型破りがポリシーだった人は王道スタイルに挑戦すると発見がありそうです。また「教皇」は**契約ごと**も表すため、契約書のチェックは念入りに。**パートナーシップでは結婚の可能性**も示唆します。根本的には**宇宙さんのメッセージを伝えるというスピリチュアルなカード**なので、頻繁に出るようならカードリーダーになることをオススメされているのかも？

INTERPRETATION たとえばこんなふうに解釈

Q.1
交際中の恋人と
今後どうなる？

契約

↓

それぞれの時間を大切に

ふたりの関係が次のステージに進むタイミングがきているよう。別々に住んでいるなら同棲へ、結婚を視野に入れているならお互いの実家へ挨拶に行くなど、新しい関係性に進む準備を始めましょう。

Q.2
自分勝手な家族を
まとめるには？

型破り、個性

↓

家族の個性を受け入れて

自分たちが「問題がある」と思っていることでも、実際は「他の家族と違う」というだけのことかもしれません。それも自分たち家族の個性と受け止められれば、より良好な家族関係が築けそうです。

6

恋人
⫷ THE LOVERS ⫸

決断せよ！
ラブ・ロマンスだけでなく、実は
選択や決断といった意味合いが強いカード。

**双子座さん
カード**

リンゴの木
→ 豊かさ

広げた両手
→ オープンマイン
ド、受け入れる

**向かい合う
男女**
→ お互いを観察
している様子

**ラファエル
さん**
→ 癒し、
パートナーシップ
のサポーター

裸
→ 素をさらけ出す

遠くの山
→ ふたりの距離感
の象徴

👁 絵を観察すると？

中央に太陽と大天使ラファエルさんが描かれたポ
ジティブな印象のカード。女性は自分の果実を彼
にシェアしていいものか、蛇に意見を聞いている様子。男性は女性を直視しているこ
とから彼女に好意を持っているよう。ふたりの間にはまだ距離感があり、恋愛初期の
ように見えますが、ラファエルさんのサポートを得ることでこれから発展しそうです。

選択／決断／パートナーシップ／ラブ・ロマンス／
ソウルメイト／双子座さん

頭でっかちにならず
ハートに従った選択を

「恋人」というタイトル通り、**ラブやロマンスといった意味合い**があるカードです。パートナーシップに関する質問をしてこのカードが出たなら、ポジティブに捉えてOK。しかし、ラブラブランキング（P.143）では意外にも３位。**実は「選択」という大事な意味合いを持たされたカードでも**あるからです。**何かを選ぶということは、何かを捨てるということ。**選ぶ際は頭でっかちにならず、カードに描かれたキャラクターたちのように、**オープンな姿勢で自分のハートの声に従って選びましょう。**

INTERPRETATION たとえばこんなふうに解釈

Q.1

幼馴染との関係を
発展させるには？

ラブ・ロマンス、ソウルメイト

↓

自分らしくアピール！

ふたりはもともと縁があり、宇宙さんからも祝福されている関係のよう。相手と関わる上では、変に取り繕わず、ありのままの自分で接することさえ意識すればスムーズにいくでしょう。

Q.2

最近ストレスが溜まりがち。
発散するには？

選択、パートナーシップ

↓

ストレスの原因を捨てる

パートナーがいる人は、相手に話を聞いてもらうなどするとラクになれそう。ストレス源から離れる、手放すなどの確固たる「選択」を通して、しかるべき行動を取るようにアドバイスされています。

7

戦車
⇒ THE CHARIOT ⇒

大勝利！
決して棚ぼた的ではなく、
努力の末に勝ち取った勝利です。

蟹座さん
カード

星の冠
→ 希望、
願いが叶う

遠くの建物
→ 遥々たどり
着いた

**月の
モチーフ**
→ 直感、
直感的な人

羽とコマ
→ スピード感、
速く遠くへ

水 → 海外

**スフィン
クスさん**
→ エゴ、ハイヤー
セルフの対比

👁 絵を観察すると？　冠についている星は、希望や願いが叶うことを表しています。２体のスフィンクスさんのうち、白い方はハイヤーセルフを、黒い方はエゴを表現。双方のバランスを上手に取りながら、前進していくことの大切さを説いているようです。中央の羽とコマのモチーフは、これからどんどんスピードを上げて、速く遠くへ行けることを示唆しています。

勝利／努力の末の成功／蟹座さん

ものすごいスピードで 成功をつかめる時

勝利を象徴するカードですが、この勝利は決して棚ぼた的なものではなく、**努力の末に勝ち取った**ものです。勝利をつかむまでの時間も速く、**スピードランキング（P.143）では2位**を獲得。そのスピード感の中でも**ネガティブな気持ちを上手に昇華**させながら、**視野を広く持ち続けること**を大切にしてください。さらに成功をつかむことで**公に認知**され、**自分をアピール**する時という解釈もできます。勝利の他、**乗り物や交通機関**、転じて**旅行**を表すことも。背景の水から**海外に行く可能性**も考えられます。

INTERPRETATION たとえばこんなふうに解釈

Q.1

来年あたり留学を検討中。
アドバイスをください。

努力の末の成功

↓

迷わずGO。急展開も!?

旅行や遠出のタイミングをたずねてこのカードが出たならGOサイン。心配や悩みの種があっても、案外早く事態が展開するかもしれません。今まで積み重ねてきたことを信じて飛び出しましょう。

Q.2

スプレッドの「根本・原因」に
このカードが出たら…。

努力の末の成功、蟹座さん

↓

間もなく事態が好転

ものごとは良い方向に進んでいます。これまで積み上げてきた実績や努力を信じて大丈夫。近くに蟹座さんがいれば、その人が助けてくれる可能性も。そう遠くはない未来に事態は好転しそうです。

8

力
⇒STRENGTH⇐

真の力とは「愛」

百獣の王・ライオンをも手なずける
愛の力を持って、状況を受け入れましょう。

**さっぱり
した背景**
→ ふたりの世界
を強調

**インフィニティ
マーク**
→ 常に愛し、
許す態度

花飾り
→ 愛に満ちている

**人間と
動物**
→ タイプの違う
人と仲よく

VIII

STRENGTH.

**懐く
ライオン**
→ 無償の愛を感じ
信頼を寄せている

獅子座さん
カード

👁 絵を観察すると？

女性の頭上には、途絶えることのない愛を示すインフィニティマークが。この女性は百獣の王であるライオンをいともたやすく手なずけています。尻尾を内側に巻いている様子からも、ライオンが完全に愛に屈服していることがわかります。シンプルな背景は、周囲のことなど気にならない、ふたりだけの世界がつくられていることを感じさせます。

本当の強さ／愛／許し／内なる力／獅子座さん

愛と許しを持って
向き合い、受け入れる

このカードが訴える「力」は、武力や腕力のことではありません。女性がライオンを手なずけている様子から、**本当の力とは「愛」であること**がわかります。また、人間とライオンという異種間で仲良くしていることから、**タイプが違う相手とも、愛を持って接すればわかり合える**ことが示されています。内なる力である**愛の究極の形は「許し」**です。このカードが出た時は、**状況を受け入れ、許すことがポイント**のようです。何よりも強い愛の力を持って、相手はもちろん、**自分のことも愛し受け入れましょう。**

INTERPRETATION たとえばこんなふうに解釈

Q.1
職場で
出世するには？

愛

↓

愛を基準に行動を

ガツガツ上を目指すより、まずは職場にいい雰囲気をもたらすことを考えて。同僚に声をかける、後輩の面倒をよく見るなど、愛を基準に行動しましょう。そのうち、自然と周囲から推薦されるように。

Q.2
コンプレックスを
克服するには？

許し、本当の強さ

↓

ライオン＝獰猛な自分

自分では欠点だと思っているところも、客観的に見るとそうでない場合が。ライオンは自身に牙をむく、獰猛な自分の表れです。理想と違う部分も受け入れ、愛することで本当の強さを手に入れて。

9

隠者
❧ THE HERMIT ❧

ザ・スピリチュアル ティーチャー

自分の答えを探しつつ、人に教える
メンターの役割も担っています。

フード
→ あえて外界に向
ける視野を狭め、
内観している

**ランプの
中の光**
→ 自分の中の光を
頼りに歩く

長い杖
→ 長期戦の予感、
学び続ける意志

洞窟の中
→ 自分の内側に
潜っている

雪
→ 寒々しさに
耐える孤高さ

IX

THE HERMIT.

乙女座さん
カード

🔍 絵を観察すると？

暗闇の中、ランプの光を頼りに進む老人。うつむ
き、フードをかぶっている様子は、人目を避け自
分の内面奥深くに潜っていくようです。老人が手にしている杖は長く、長距離をひと
りで歩きながら、終わりなき学びの旅に出ていることがわかります。ランプの星は、
自分の中の希望を頼りに、自らの学びのために進んでいく様子を表しています。

内観／修行／ひとりの時間／先生／成熟／乙女座さん

学び続けることで
自分の中に答えを見つける

このカードは**山や洞窟にひとりこもって、内観や修行をしている**イメージです。今は**ひとりきりになって、自分探しが必要な時**かもしれません。老いた見た目からは、この人が**成熟した人間**であることが見て取れます。実は、彼の後ろには、経験豊富な彼から教えを請いたいという弟子志願者がついてきているという説も。ですから、このカードが出た時は**人に教えるメンターのような役割**を担っている場合もあります。**学び続け、自分の中に答えを見つけようとする姿勢**が、たくさんの人をインスパイアします。

INTERPRETATION たとえばこんなふうに解釈

Q.1
交際相手とより良い
関係を築くには？

内観、ひとりの時間
↓
それぞれの時間を大切に

今はお互いを尊重し、それぞれの時間を大切にした方が良い時期かもしれません。自分の時間を持つことが、ふたりでいる時間をさらに充実させ、より良い関係を築くことにつながるでしょう。

Q.2
仕事のプロジェクトを
成功させるには？

修行、先生
↓
教える役目に挑戦！

あなたは基本的にはひとりでいることが好きな人のよう。ですが、今回のプロジェクトでは人に教える役割が回ってきそう。「教える」というミッションを遂行することが成功のカギを握っています。

運命の輪
⊰WHEEL OF FORTUNE⊱

天の采配

これから宇宙さんからもたらされる、
運の流れに身を任せましょう。

本
→ 勉強、学びの
　中にいる

天界
→ 人間のコントロ
　ールが届かない
　世界

輪
→ 人生の
　アップダウン

**スフィンクス
さん**
→ 運を具現化
　した姿

**ジャッカル
さん**
→ 生と死、
　復活を司る

🔍 **絵を観察すると？** カードの四隅には天使さんと羽の生えた不思議な
動物たちがいます。同じように本を読んでいるこ
とから、みんなで同じ勉強をしているようです。登場人物が多いカードですが、中で
も中心的な存在が輪の上に君臨し、ソードを持ったスフィンクスさんです。宇宙さん
がこれからもたらすであろう運命の流れを、鋭いまなざしで訴えかけています。

ラッキー／ハッピー／運命／運が回ってくる

時計の針が動き出し、運が回ってくる

「運命の輪」というタイトルから想像できるように、このカードが出た時は**運が回ってくる、自分の番がやってくる**という時です。輪が回るイメージからは**時計の針が動き出し、停滞していた状況が解消される**ことが連想されます。このカードが出た時は、基本的には**ポジティブなことが起こる**と思って大丈夫です。天使さんや羽の生えた動物がいる天界＝宇宙の領域は、**人知の及ばない空間**です。同じように、運も私たち人間の力ではどうにもならない力によってもたらされていることを悟りましょう。

INTERPRETATION たとえばこんなふうに解釈

Q.1
**転職先の企業で
成長できそう？**

運命、ラッキー

↓

天職の可能性大！

「この企業に転職しようか迷っている」「気になる仕事が見つかった」というタイミングなら、その職場や職種はあなたにとって運命的なものと言えます。転職した先で、大きく成長できそうです。

Q.2
**ケンカ中の友達と
仲直りするには？**

ハッピー、運が回ってくる

↓

状況は好転し始めている

ふたりの関係は今後、好転していきそう。あなたが気づいていなくても、すでに状況は良い方向に向かっています。心配どころかワクワクすることが起こりそうなので、宇宙さんを信じて待ちましょう。

11

正義
⊰JUSTICE⊱

自分にとっての正義

何を正しいと思うかは人それぞれ。
自分の思う正義を信じて、誠実に。

天秤座さん
カード

剣
→ 自分の正義、
　ひらめき

布
→ 隠す、内面を
　見せない

緑色
→ ハートチャクラ
　（P.147）＝相手
　を受け入れる

**一歩
出ている足**
→ いつでも立てる

天秤
→ バランスを取る、
　距離を保つ

XI

JUSTICE .

👁 絵を観察すると？

剣を天に掲げている様子から、ここで言う正義とは周囲から押しつけられるものではなく、宇宙さんから受信したメッセージや自分の内側に宿るもののよう。天秤は、自分の正義を貫きつつも、周囲とのバランスを保つことの大切さを表現。前に出ている片足は、相手から正義を押しつけられそうになったら、いつでも立ち向かえることを表しています。

正義／バランス／法律／原因と結果／カルマ／天秤座さん

押しつけず、押しつけられず
自分が思う正義を貫く

正義や真実はひとつのようで、実は人の数だけあるのではないでしょうか。このカードは、**自分が思う正義を信じ、従うこと**を応援しています。**お互いの正義を尊重し、バランスの取れた世界**を「正義」のカードは理想としているのかも。また、「正義」は**原因と結果を表すカード**でもあります。人に親切にすれば感謝されますし、意地悪をすれば嫌われるなど、あなたの行動に対してふさわしい結果が与えられます。このカードが出た時は、**自らの行いを冷静に客観視し、反省し、学ぶ時**がきているようです。

INTERPRETATION　たとえばこんなふうに解釈

Q.1
仕事上のトラブルを
解決するには？

原因と結果、正義

↓

原因の追究を

まずは冷静にトラブルの原因を追究しましょう。そして再び繰り返さないように、今後の教訓にして。あなたの心の正義に従い、真摯に謝罪をすれば、相手もわかってくれるはず。

Q.2
ずっと片思い中。
打開策は？

バランス、天秤座さん

↓

相手の気持ちを推し量る

相手にその気がないのなら、今は無理に押さない方が良さそう。天秤座さんの守護星・金星は、愛や人間関係のバランスを取るのが上手です。たとえ恋愛に発展しなくても、良い関係を築けるはず。

12

吊られた男
⋙ THE HANGED MAN ⋘

アハモーメント！
ものの見方を180度転換することで、
停滞を打破する方法を見いだします。

赤色
→ ルートチャクラ
（P.147）の色、
地に足を着ける

逆立ち
→ 視点を変える

**後ろ手を
組む**
→ 余裕のポーズ

**ゆとりの
ある表情**
→ 冷静、落ち着き

**頭の
周りの光**
→ ひらめき、
アハモーメント

THE HANGED MAN.

🦅 絵を観察すると？
彼が逆さ吊りになっているのは、ものの見方を180
度変えるためです。一時的に停滞している今の状況
を、別の視点から観察し直そうとしています。その結果、頭の周りに光が射し、「こ
れか！」と気づきを得たようです。彼がはいているタイツの色はルートチャクラの赤色。
物理的には逆さですが、精神的にはちゃんと地に足を着けています。

KEY WORD

（一時的な）停滞／見方を180度変える／個性派

視点を転換することで
停滞から抜け出す

今は停滞を強いられ、進みたいのになかなか進めず、**忍耐が求められている時期**かもしれません。しかしながら「吊られた男」は、**冷静に視点を転換**しています。この停滞は、どこかに**見落としている学びを完全に理解し切る**ために、宇宙さんがもたらしたものだとわかっているから。「吊られた男」が出た時は、**普段とは違った視点や観察眼をもって、状況を見直し、学びを完成させる必要**があります。また、彼の独特の行動や装いからは「**個性的でいい**」というメッセージも受け取れます。

INTERPRETATION たとえばこんなふうに解釈

Q.1

上司に言いたいことを
どう伝えたらいい？

個性派

自分らしい表現で

吊られた男から「僕みたいに奇抜でいいよ」というメッセージが聞こえてきます。恐らく質問者さんは独特な表現をする人のはず。変につくろわず、自分の言葉で表現すれば、きちんと伝わるでしょう。

Q.2

恋人との倦怠期を
脱するには？

見方を180度変える

ひとり反省会を

相手に対してどのような言動をしてきたのか、一度、「ひとり反省会」をしてみると良さそう。もし相手に遠慮して自分の個性を抑えているなら、素の自分をさらけ出すことを意識してみましょう。

13

死神
⇒DEATH⇒

怖くない（笑）

テーマは終わりと始まり。物理的な死を
意味しないので、恐れる必要はありません。

<ruby>骸骨<rt>がいこつ</rt></ruby>
➔ ポーカー
フェイス

白いバラ
➔ 浄化

太陽
➔ 夜明け、
新たな始まり

白馬
➔ 白馬の王子様、
お助けマン

蠍座さん
カード

**世代の
異なる人々**
➔ 進化の過程

水 ➔ 浄化

🔍 絵を観察すると？

骸骨が乗っているのは、意外にも王子様の象徴で
ある白馬。古いものにしがみつこうとしている人
に手放すことを諭している骸骨は、実は「白馬の王子様」のようなお助けマンなのか
もしれません。馬の脚元にいる世代の異なる人々は、進化の過程を表しているよう。
馬の正面には法王もいて、変化の前では全員が平等であることが強調されています。

終わりと始まり／変容／浄化／変化／切り替え／蠍座さん

ポジティブな位置で出たら

進化できる／古いものを終わらせる快感／さっぱり一掃する

サナギから蝶へと
変容し、成長する時

タロットカードの中で「怖そう」と思われがちな1枚ですが、**物理的な死を表すカードではない**ので、怖がる必要はありません。このカードのテーマは「**終わりと始まり**」であり、**古いものを終わらせ、新しいものを迎える**ための切り替えが必要なことを表しています。それはまるで、サナギが蝶<ruby>蝶<rt>ちょう</rt></ruby>へと成長する**変容の時**のようです。変化することに対してソワソワしたり心地悪さを感じたりするかもしれませんが、心配はいりません。**進化するために不可欠な過程**であり、とても大切な**浄化の時期**と言えます。

INTERPRETATION たとえばこんなふうに解釈

Q.1

仕事が上手くいきません。改善のコツは？

終わりと始まり、変容

⬇

溜まった仕事を片付ける

まずは溜まっている仕事を終わらせましょう。時間がかかりそうですが、焦らずきちんと処理することを考えて。やるべきことを片付けた先に、ワクワクするような新しい仕事が待っているようです。

Q.2

気になるサークルの先輩にどうアプローチすればいい？

蠍座さん、変容、切り替え

⬇

自分の中の変容に集中

相手が蠍座さんであれば、突き進んでOK。そうでないなら今は自分の中の変容に集中すべき時かもしれません。一度、気持ちを切り替え、恋愛よりも自分が本当にやるべきことに目を向けてみましょう。

14

節制
＝TEMPERANCE＝

バランス取れてる？

与え過ぎて疲れているなら、
一度、身の回りのバランスを見直しましょう。

射手座さん カード

XIV

TEMPERANCE.

水を移す カップ
→ 与えることと
　受け取ること

光る山
→ 宇宙さんからの
　メッセージ

アイリス
→ デトックス、嫌
　な気持ちを流す

豊かな泉
→ 感情の浄化

**片足だけ
地面に**
→ 地に足を着ける
　バランス

👁 絵を観察すると？

天使さんがカップからカップへと水を注いでいます。その様子は「与えること」と「受け取ること」のバランスを象徴しているかのようです。天使さんの足元を見ると、片足は水の中に入っていますが、もう片方の足は地面に着いたまま。この様子からも「感情に流され過ぎず、地に足を着けるバランスを大切に」というメッセージが見て取れます。

バランス／受け取る⇔与える／射手座さん

感情に流されないで、
受け取る⇔与えるのバランスを

自分の身の回りで「受け取ること」と「与えること」のバランスが偏っていないか注意しましょう。アイリスの花にはデトックスの意味合いがあるので、**嫌な思いをしているのであれば、一度その気持ちを水に流すことも**大切です。カード中央のグリーンがハートチャクラ（P.147）の色であることから、あなたが**与え過ぎて、疲れている可能性がある**ことを表しています。宇宙さんからの声に耳を傾けながら、片足は水に、片足は地面に着けたままの天使さんに倣って、**感情に流され過ぎないように注意**を。

INTERPRETATION たとえばこんなふうに解釈

Q.1

苦手なママ友と上手く
付き合うためのアドバイスを。

受け取る⇔与える

↓

与え過ぎて疲弊中

対人関係でこのカードが出た時は、ギブ＆テイクのバランスを意識して。相手はあなたから何かをほしがっていますが、与え続けることで疲弊しそう。一度、距離を置くことでバランスを取り戻して。

Q.2

片思い中の相手と
パートナーになるには？

バランス

↓

極端な関係になっている

今は感情に流されている状態のよう。相手を想う気持ちが強過ぎるあまり、貢ぎ過ぎたり、反対に相手から愛情を奪い過ぎたりと極端になっている可能性が。ふたりの関係を客観的に見直しましょう。

悪魔
⇒THE DEVIL⇒

愛と憎しみは紙一重
自分の中のエゴに気づいたら、
愛からくる言動を心がけましょう。

角
→ 山羊座さん

上げた手
→ 「ここに来るな」
　 という警告

山羊座さん
カード

緩い鎖
→ 脱出可能、
　 あえてとらわれ
　 ている

**下向きの
松明**
→ エゴの光が
　 燃え上がり
　 火傷しそう

👁 絵を観察すると？

「悪魔」は「恋人」のカードと構図がよく似ています。「恋人」に登場する人物は屋外で伸びやかに過ごしていますが、「悪魔」の人物は鎖につながれています。しかし、その鎖は抜け出せそうなほど緩く、あえてとらわれている雰囲気も。下向きの松明の炎は怒りや恐れといったエゴに支配された感情であり、放っておくと火傷することを表しています。

KEY WORD

エゴ／愛⇔憎しみ／執着／依存／山羊座さん

ポジティブな位置で出たら

愛にフォーカス／ネガティブな気持ちをポジティブに転換／上昇志向

エゴベースになっていないか
自分の言動を見直す時

最大のキーワードは「エゴ」。エゴはすべての人が持つ負の感情です。悪魔さんは、エゴの存在自体を責めているわけではなく、「ちょっとエゴが出過ぎているみたいだけど、大丈夫？」と注意してくれているようです。カードの中のふたりを拘束する鎖が緩いことからも、**その気になれば現状から脱出することは可能**です。「エゴベースの言動をしているかも」と気づいたら、**愛からくる言動を心がけましょう**。一方で山羊座の概念には**上昇志向、努力家**といったニュアンスも。状況によって読み分けましょう。

INTERPRETATION たとえばこんなふうに解釈

Q.1

春から新しい職場。
気をつけることは？

エゴ

↓

エゴが強い人に注意

「付き合う相手を見極めて」というメッセージが出ています。周りに支配的な人やマウントを取ってくるような人がいないか注意して。そういう人がいたら、自分からは近づかないようにしましょう。

Q.2

出世するための
アドバイスを！

エゴ、上昇志向

↓

人を貶める行動はNG

上昇志向を持つのはいいことですが、そのために誰かを蹴落とすことはオススメしません。エゴに支配された言動にならないよう、気を引き締めて一歩ずつ地道な努力をしていきましょう。

16

塔
❧ THE TOWER ❧

青天の霹靂（へきれき）

良くも悪くもサプライズ。変化を受け入れ、
基礎基盤を立て直す必要があります。

飛んでいく
王冠
→ 積み上げた
　ものの崩壊

雷
→ 宇宙さんの介入

飛び
出した人
→ 脱出している

落ちていく
人
→ 弾き出されている

THE TOWER.

❧ 絵を観察すると？

稲妻が突き刺さった建物が崩壊しています。宇宙
さんの介入によって、これまで積み上げてきたも
のを一度壊し、新たに安定したものをつくる時がきたようです。ふたりの人間のうち、
左の人は自分から脱出していますが、右の人は弾き出されています。追い出されるま
で居座って痛い目を見るより、潔く自分から脱出した方が良さそうです。

基礎基盤の建て直し／土台／変化

新しい土台／地に足を着ける／リニューアル

きたるべき変化を受け入れ、 不安定な基盤を建て直す

基礎基盤を建て直す時がきています。絵柄から恐れられがちですが、不安定な地盤の上に建っている状況に対し、**宇宙さんが「危ないですよ」と知らせてくれているありがたいカード**です。実はこのカードが出る前にも、あなたのもとには何回か宇宙さんからのお知らせが入っていたはず。それに気づかなかったか、スルーしてしまったことにより、宇宙さんがいよいよ介入する時がきました。これは**良くも悪くもサプライズ**の時です。必要以上に恐れず、**変化を受け入れ**、基礎基盤を立て直しましょう。

INTERPRETATION たとえばこんなふうに解釈

Q.1
海外に移住したい！ 必要なステップは？

土台

準備をしっかりと！

今の段階ではまだ準備不足のようです。その土地の文化や習慣、言語などのインプットがまだ不十分かも。移住先での生計をどう立てるかなど、現実的な問題もクリアにしてから行動に移しましょう。

Q.2
ラブラブな恋人と 結婚したい！

基礎基盤の立て直し

外堀をきちんと埋めて

親への挨拶が済んでいない、新居が決まっていないなど、基本的な準備が整っていない様子。お互いの家族に紹介し、きちんと了承を得るなど、外堀を埋めることで次のステップへ移行できそうです。

17

星
⇒THE STAR⇐

暗い夜にこそ見える「星」

辛い時代が終わり、未来を楽観視できる時。
希望と喜びを胸に、願いを叶えて。

水瓶座さん
カード

星
→ 希望、正しい道

鳥
→ メッセンジャー、
　良いお知らせ

裸の女性
→ 自由、開放感、
　素の自分

水を注ぐ
→ 豊かさ、生命の
　源、水瓶座さん

**水の上に
立つ**
→ 余計な感情を
　流し去る

🔍 絵を観察すると？

大きな星はあなたが正しい道にいること、この先
に希望があることを示しています。女性が水を滝
のように注ぐ様子は、豊かさを表現。片足を水面に置いていることから、豊かな感情
を持ちつつもそれに流されることなく、ポジティブな気持ちにあふれているようです。
鳥にはメッセンジャーの意味があるので、何か良いお知らせが入る可能性も。

希望／癒し／願いが叶う／水瓶座さん

困難の後の癒し。
希望と喜びの未来へ

「星」のカードは希望や願いが叶うといった意味の他、「塔」の次のカードとして、変容が終わった後の開放感や癒しといった意味合いがあります。基本的に星は夜にならないと見えないものです。暗い時代に味わった苦労や努力が報われるというニュアンスもあることから、困難の後の希望や喜びという解釈もできます。このカードが出た時は、あなたは正しい道にいるということ。未来を楽観視していい時なので、これまでの苦労から解放された喜びを味わいつつ、願いを叶えましょう。

INTERPRETATION たとえばこんなふうに解釈

Q.1
仕事の売上げ目標を
達成するには？

願いが叶う

このまま進めば大丈夫

あなたは目標を叶えるための正しい努力をしています。このまま進めば問題なく達成できそうです。あまり不安に思わず、リラックスしながらこれまで通り打ち込めば、苦労は報われるでしょう。

Q.2
何をしても上手くいかない。
どうすればいい？

希望、癒し

身近にある希望に気づいて

トンネルの終わりを告げています。まだ気づいていないかもしれませんが、宇宙さんから見るとすでにあなたの前には希望が現れているよう。身近にある喜びや癒しに気づき、目を向けてみましょう。

18

月
⇒THE MOON⇐

「見えない」からこそ直感を!

夜明けはそう遠くないはず。
自分の直感を信じて進みましょう。

月
→ 夜、視界が悪い

魚座さん
カード

**遠くまで
続く道**
→ 暗くても
歩み続ける、
直感で進む

犬と狼
→ 友達、不安に
立ち向かう

ザリガニ
→ 脱皮

👁 絵を観察すると?

月は目をつむって、何か思い悩んでいるようです。しかし、太陽が重なっていることから、夜明けはそう遠くないことがわかります。犬と狼は友達のようにも見え、暗く不安な夜をともに乗り越えようとしています。中央の道がかなり遠くまで続いていることから、暗く視界が悪くても、直感に従って進むことが求められているようです。

直感／秘密／恐れと向き合う／魚座さん

自分の直感を信じ、不安な気持ちと向き合う

人生には明るい時があれば暗い時もあります。星同様、月も暗い夜中に見えるものです。「月」のカードは、**暗く視界が悪い時こそ自分の直感を信じ、怖さや不安な気持ちと向き合う**ことの大切さを教えてくれています。また、月には**「秘密」**というニュアンスもあり、年間スプレッドで月が出た場合、私は**「宇宙さんが今はネタバレできない時なんだな」**と捉えています。何が起こるのかワクワクしながら待ちつつ、**寝ている時に見る夢に注目**してみると秘密のヒントが得られるかもしれません。

INTERPRETATION たとえばこんなふうに解釈

Q.1
**スプレッドの「アドバイス」に
このカードが出たら…。**

直感、恐れと向き合う
↓

ものごとの真実を見極めて

表面的な事象にとらわれず、直感を使って先を見通すことが求められています。たとえば誰かに悪口を言われたなら、なぜその人はそう言ったのか、ものごとの背景や真実を冷静に見極めましょう。

Q.2
**気になるあの人とデートに！
アドバイスをください。**

秘密
↓

未知の経験を楽しむ

夜の時間帯のデートや夜空色の服装がオススメ。相手はミステリアスで、考えや感情が一見わかりにくいタイプかもしれません。相手の考えを探ろうとするより、未知の経験を楽しむ気持ちで過ごして。

19

太陽
⇒THE SUN⇐

最強カード!!
これが出れば問題ナシ

あらゆる場面で成功が約束されている、
ポジティブの塊のような1枚です。

赤い羽
→ 軽やか、楽観的

太陽
→ ポジティブ

ヒマワリ
→ 太陽の象徴

旗
→ 凱旋

裸の子ども
→ 自由、無敵
　 モード

THE SUN.

👁 絵を観察すると？

大きな太陽と、太陽の象徴のようなヒマワリ、白
馬にまたがった子ども。カード全体から、とても
ポジティブなエネルギーがあふれています。子どもは基本的に自由な存在であり、不
安も疲れも感じません。そんな子どもが裸になって手も足も広げている様子はまさに
無敵モード。楽観的で波動が高く、白馬を乗りこなしてどこまでも行けそうです。

オールOK／成功／繁栄

成功、合格、繁栄…
大きな喜びが待っている

「太陽」はタロットカードの中で、私が**最強カード**だと思っている１枚です。**このカードが出たらオールOK**。赤い旗が凱旋を表しているように、**繁栄や昇給、合格など、あらゆる面で成功が約束されているポジティブの塊のようなカード**です。あなたがこれから向かう先には、必ず大きな喜びが待っているので、安心して大丈夫です。**自分に自信を持っていい時**なので、絵の中の子どものように**軽やかな思考**を持ちながら、**高い波動を保ち**ましょう。

INTERPRETATION たとえばこんなふうに解釈

Q.1

腐れ縁の恋人と別れるための
勇気の出るメッセージを。

オールOK

↓

良い出会いがありそう！

あなたのその考えは、今のあなたにとってベストな選択です！　恐れず突き進みましょう。その先に、もっと良い出会いが用意されています。何も心配いりませんよ。

Q.2

仕事もプライベートも
やる気が出ない…。

オールOK

↓

太陽を浴び、童心に返ろう

外に出て、物理的にお日様を浴びましょう。無理に仕事や人間関係をがんばろうとせず、まずはできることから始めてみて。童心に返って、昔好きだったことを再開してみるのもオススメです。

20

審判
⇒JUDGEMENT⇒

チャンス到来!?
勢いのあるターニングポイントを迎える時。
立ち上がってチャンスをつかもう。

ラッパを吹く天使さん
→ 宇宙さんからのお知らせ

旗
→ お知らせを強調

棺
→ 起死回生

目覚めた家族
→ 集う、ハッとする知らせ

👁 絵を観察すると？

ラッパを吹く天使さんと棺から目覚めた人々がいます。天使さんは宇宙さんからの「チャンスがきたから起きて！」というメッセージを伝えています。死者が復活している様子からも起死回生、チャンス到来の意味が見て取れます。手前の3人は家族のように見えることから、家族間のトラブルがある場合は関係の修復、再び集うといったメッセージも。

復活／再び○○／大事なお知らせ

一周回って今がその時。立ち上がって勢いに乗ろう

昔、試したけど失敗に終わってしまったことや、ずっとやってみたいと思ったまま放置していたことがある場合、「審判」が出たら**一周回って「今がその時」**というメッセージです。また、モヤモヤしている状況がある場合も、今こそ**立ち上がって深掘りすべき時**です。蘇るはずのない死者が棺から生き返っているように、このカードが出た時は、**とても勢いのあるターニングポイント**を迎えています。法的な問題なら状況が自分に有利に運びますし、試験なども上手く乗り越えられそうです。

INTERPRETATION たとえばこんなふうに解釈

Q.1
昔、付き合っていた恋人が忘れられない…。

再び○○

↓

復縁の兆しあり

パートナーシップについてたずねた時にこのカードが出たら、復縁の可能性がありそう。連絡を取ろうと思いながらためらっていたなら、今がチャンス。思い切って自分から連絡してみましょう。

Q.2
プレゼンで大失敗、どうすればいい？

復活

↓

名誉挽回に向け準備を

どんなに大きな失敗をしても、上司はあなたを見限ったりはしなさそうです。名誉挽回のための新たなチャンスがまた巡ってくるはず。あまり落ち込み過ぎず、次に向けて気持ちを切り替えましょう。

21

世界
～THE WORLD～

ハッピーエンドと
ステージチェンジ

ひとつの物語や古い世界が終わり、
今のステージでの学びが完了しました。

輪
→ ワープ、
　サイクル、
　レベルアップ

スティック
→ 「魔術師」より
　1本多い、獲得

**軽やかな
女性**
→ 達成感

**聖獣の
いる世界**
→ 宇宙に近づいた
　様子

THE WORLD.

👁 絵を観察すると？

輪の中にいる女性と、彼女を取り囲む聖獣。女性
は周囲から認知され、軽やかに踊っているようで
す。彼女の周りの輪は、今いる世界とこれから向かう世界の象徴であり、くぐること
で世界をワープし、またひとつレベルが上がったよう。両手に持ったスティックは
「魔術師」より1本多く、この世界でひとつの学びを得たことを表しています。

KEY WORD

完了／卒業／成功／繁栄

これまでの学びを完了し、新たな章へと移る時

「世界」は大アルカナの最後のカード。**成功や繁栄**といった意味もありますが、どちらかというと**完了の意味合いが強い**です。このカードが出たら、**ひとつの物語や古い世界が終わり、次の章に移る時**です。ニュアンス的には「死神」のカードにも似ていますが、浄化が必要な「死神」に対し、「世界」はより**スムーズに移行**できます。描かれているのは**人知が及ばない高次元の世界**ですが、ひとつの学びを終えたことで一歩そちらに近づけたよう。喜びをもって**ハッピーエンドとステージチェンジ**を迎えましょう。

INTERPRETATION たとえばこんなふうに解釈

Q.1 仲良しだった友達と疎遠に。どうして？

卒業

↓

波動が高まり同調できない

あなたの波動が上がったことで、以前のように同調できなくなったようです。波動は同じレベル同士でしか引き合えないため、昔の友達に執着するより、今の波動に合った新たな友達を探しましょう。

Q.2 スプレッドの「原因」にこのカードが出たら…。

完了

↓

移行期に起こる必要な変化

悩みごとについてたずねたなら、現在の状況は次のステージに移行したがゆえに起こったことのようです。今は目まぐるしく感じるかもしれませんが、必要な変化であり、思い悩むことはありません。

小アルカナ
56枚のメッセージ

数と人物から成る4つのスート

　大アルカナが人生の重要な局面を表す一方、小アルカナは日常のこまごまとした場面を表します。小アルカナは4つのスート（マーク）計56枚で構成されており、各スートにはエースから10までの数札10枚と人物カード4枚があります。

　各スートには象徴するエレメントがあり、ワンドは「火」、カップは「水」、ソードは「風」、ペンタクルは「地」を表します。

スート	数札	人物	エレメント	意味
ワンド （棒）			火	・情熱 ・行動 ・仕事
カップ （聖杯）			水	・感情 ・愛 ・人間関係
ソード （剣）			風	・思考 ・知性 ・コミュニケーション
ペンタクル （金貨）			地	・物質 ・お金 ・豊かさ

人物カードのキャラクター

人物カードは人を指す場合もあれば、状態や性質を表す場合もあります。
人を指す場合、性別は関係ありません。各スートに登場する4人に共通
するキャラクターは以下の通りです。

[ペイジ]
人物カードの中で一番若
く、未熟でもあります。
メッセンジャーの役割を
担い、特に「再スタート」
のニュアンスが強いカー
ドです。

[ナイト]
ペイジよりは経験を積ん
だ青年ですが、ナイトも
若いエネルギーを発する
カード。「動き」を表し
ます。まだ成人ではなく、
未熟さが残る面も。

[クイーン]
キングとともに成熟した
エネルギーを持つ人です。
スートのパワーに振り回
されることなく上手に使
いこなします。

[キング]
スートの最後に登場する
王様です。スートのパワ
ーを自分のものとして、
完璧に使いこなすことが
できます。

各スートの人物の強みと弱み

	強み	弱み（バランスを崩すと）
ワンドの人物	・情熱的でカリスマチック ・色気や容姿も◎	・情熱が怒りとなって表面化する ・軽率で突発的な側面がある
カップの人物	・愛情深い ・器が大きい	・与え過ぎて枯渇し、自滅すること がある
ソードの人物	・頭の回転が速い ・言葉遣いやコミュニケー ションが巧み	・合理主義過ぎる ・人の気持ちがわからない
ペンタクルの人物	・物理的に豊か ・粘り強く、継続が得意	・変化を恐れる ・根に持ったり執着したりする

WAND

ワンド
（棒）

ワンドは火のエレメントです。情熱や行動、感覚、インスピレーションなどを表します。火に象徴されるだけあり、ものごとに対して燃えていて行動力があります。全体的にスピード感があり、ロジックで考えるより直感を頼りに行動することを後押しするカードです。

<table>
<tr><td rowspan="2">1
POINT

ADVICE</td><td>ワンドの人物カードの読み方</td></tr>
<tr><td>ワンドの人物は感覚的で、直感的に「良い」と思ったことにとりあえず挑戦していくイメージです。そうした性質とそれぞれの人物の特徴を踏まえてカードを読み解いていきましょう。</td></tr>
</table>

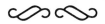

ワンドの
エース
=ACE OF WANDS=

情熱を燃やせることの
新しい始まり／
行動／チャンス

情熱という贈りもの

雲から出てきた手がワンドを差し出しています。**エースには全スート共通で宇宙さんからの贈りものというメッセージ**があります。ワンドの場合、宇宙さんが**情熱**を差し出してくれています。何か情熱が持てるような**新しいチャンスや始まり**があるよう。何かに迷ったりグズグズしたりしている場合は、お尻を叩かれている可能性も。

INTERPRETATION　たとえばこんなふうに解釈

Q. 内定先の企業に就職する上でのアドバイス

情熱を燃やせることの新しい始まり、行動

⬇

宇宙さんから「積極的に行動してみて！」と勧められています。内定先の企業には、あなたの情熱を燃やせる仕事があるようなので、楽しくチャレンジできるはずです。

ワンドの
2
=TWO OF WANDS=

選択

2つのうちひとつを選び取る

左手には棒を、右手には地球を持っています。**2本の棒のうちの1本を選び取っている**ことから「**選択**」という意味合いがあります。また、2本の棒がある状況は、**仕事上のパートナーや同性カップルの存在**を表している可能性も。地球を持っていることから、自分が**これからつくりたい世界をイメージ**しながら選択しているようです。

INTERPRETATION　たとえばこんなふうに解釈

Q. 気になる相手との距離を縮めるには？

選択

⬇

自分の都合より相手のスケジュールを優先したり、自分の意志を抑えたりしがちになっていませんか？相手に合わせ過ぎず、自分がベストと思う選択をすれば良い関係が築けそう。

ワンドの 3
≡ THREE OF WANDS ≡

長期的な計画／成功／
繁栄／

さらなる発展に向けた計画

少し高いところから、遠くの船や海を眺めている人がいます。すでにある程度、**成功や繁栄をつかんでいて、それをどう発展させていこうかを考えている**ようです。これまでの経験から得た学びを活かしながら、**長期的な計画を立てる時期**にきています。船は海外に行くための乗り物でもあることから、**海外**というニュアンスも。

 INTERPRETATION　たとえばこんなふうに解釈

Q.仕事で昇進するには？

長期的な計画、成功

行動を起こす前に、きちんと計画を立てましょう。あなたはこれまでにもすでに上を目指し、数々のハードルをクリアしてきたはず。自分のがんばりを認めてあげましょう。

ワンドの 4
≡ FOUR OF WANDS ≡

安定／家／家族／結婚

安定した幸せ

手前に4本のワンド、奥に立派な白い建物があります。テーブルや椅子が4本脚であるように、**4本の棒は安定**を表します。そこから**結婚して身を固める、幸せな家族をつくる**という意味にも。中央のふたりは結婚したカップルで奥には親族もいます。これまでがんばってきた成果として、**幸福感や経済的安定**を手に入れられる時です。

 INTERPRETATION　たとえばこんなふうに解釈

Q.仕事と家庭を両立するには？

家、家族

経済的に安定していて仕事は順調なようなので、住む場所や環境にこだわると良さそうです。インテリアを充実させる、掃除をするなど、より居心地の良い住環境をつくりましょう。

ワンドの
5
≋FIVE OF WANDS≋

KEY WORD

争い／葛藤

ポジティブな位置で出たら

切磋琢磨／運動会／
争いに加わらない

目に見える争い

「ソードの5」と並んで、**争いのカード**です。「ソードの5」が陰口などの陰湿ないがみ合いを表すのに対し、「ワンドの5」は思惑が交錯しているというより、**腕力による潔いケンカ**のようなイメージです。そうした周囲との目に見える争いの他、**自分の心の中の葛藤**を表す場合もあるので、現状と照らし合わせて解釈しましょう。

> **INTERPRETATION　たとえばこんなふうに解釈**

Q.片思いを成就させるには？

> 争いに加わらない
> ↓

恋のライバルがいる可能性があります。とにかく登場人物が多いカードなので、交際が始まってからも相手の親や友達とバトルが勃発するかも。あまりオススメされていません。

ワンドの
6
≋SIX OF WANDS≋

KEY WORD

勝利

勝者の凱旋

勝利を手にし、馬に乗って意気揚々と凱旋している男性がいます。多くの人に見守られ、勝者として**公に認知されている**ようです。このカードが出た時は、**いい知らせがある**と捉えて良いでしょう。ただ、勝者がいるということは敗者もいるということ。この勝利に驕(おご)らず、敗者へのリスペクトを忘れずに**謙虚でいましょう**。

> **INTERPRETATION　たとえばこんなふうに解釈**

Q.ビジネスを軌道に乗せるには？

> 勝利
> ↓

今の調子でがんばっていれば何も問題なさそうです。そのうち昇進や昇給といった、良いお知らせが入ってきそうなので、心配せずに今の仕事に打ち込みましょう。

ワンドの 7
=SEVEN OF WANDS=

恐れず逆風に立ち向かう

崖の上にいる男性が、下から棒で攻撃されているよう。対抗している彼の姿は、周囲から何を言われようと自分の主張を守ろうとしているかのようです。宇宙さんからは**自分の信念を守り、貫き通してという応援メッセージ**が届いています。今は**逆風を感じるような正念場に立た**されているようですが、恐れず立ち向かいましょう。

INTERPRETATION　たとえばこんなふうに解釈

Q.スプレッドの「未来」に出たら…。

主義主張を守る
↓
今、あなたが抱いている信念は素晴らしく、主張する価値があるものです。強く自己主張をしている時にはあまり出ないカードなので、もっと周囲に訴えていくと良さそうです。

ワンドの 8
=EIGHT OF WANDS=

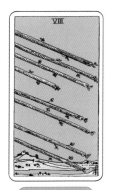

好きなことで忙しい

背景の丘や川以外には棒だけしか描かれていません。8本の棒にはビュンビュン飛んでいくようなものすごいスピード感があります。このカードは**スピードランキング（P.143）でも3位の速さ**を誇ります。**コミュニケーションややりとりが活発で、好きなことで忙しそう**です。展開も速く、ものごとがどんどん進んでいく時です。

INTERPRETATION　たとえばこんなふうに解釈

Q.気になる相手との距離を縮めるには？

コミュニケーション
↓
その人とは会話が楽しく弾む仲のようです。連絡しようか迷っているなら、迷わずコミュニケーションを取ってOK。お互いの好きなことに焦点を当てると展開も速そうです。

ワンドの 9
=NINE OF WANDS=

KEY WORD

諦めないで！

あと少しの辛抱

負傷した兵士が1本の棒に寄りかかり、ボロボロになりながらも何とか立っている状況です。次のカードが「ワンドの10」であることから**完了は間近**。**「ここで諦めずに踏ん張って」**というメッセージが宇宙さんから届いています。自分が積み上げてきたものを信じて努力し続ければ、必ず成功できるはず。あと少しの辛抱です。

INTERPRETATION　たとえばこんなふうに解釈

Q.恋人とすれ違いがち…どうすれば？

諦めないで！

↓

今は諦める時ではありません。モヤモヤした気持ちを抱えて辛いかもしれませんが、間もなく状況は変わるはず。せっかく築いてきた関係をここで手放すのはもったいないです。

ワンドの 10
=TEN OF WANDS=

KEY WORD

アンバランス／
オーバーワーク

ポジティブな位置で出たら

人に任せる／
手伝ってもらう

ひとりでがんばり過ぎない

男性が前のめりにならないと支えきれないほどの棒を持っています。**一度に抱え込んで**、**アンバランス**になっている状況です。ひとりでがんばり過ぎているので、**人に助けを求めたり、休みながら取り組んだり**と調整しましょう。今やっていることをきちんと終わらせるためにも、ひとつずつ丁寧に取り組んでいく必要がありそうです。

INTERPRETATION　たとえばこんなふうに解釈

Q.仕事と恋愛を両立するには？

オーバーワーク

↓

今は仕事が忙しい時期のよう。無理をして恋人との時間をつくることで、自分の首を絞めている可能性が。仕事が一段落してから恋愛に意識を向けた方が良さそうです。

PAGE of WANDS.

ワンドのペイジ
≈ PAGE OF WANDS ≈

情熱を燃やしたくなるような新しい情報
／お知らせ

情熱の再燃

一度は挫折したことについて、**再び情熱を
燃やしたくなるようなチャンス**が巡ってき
たことを知らせています。ペイジはまだ若
く素直であり、変に先のことまで考え過ぎ
ないのが特徴です。あれこれ考えず、情熱
に従って動きましょう。また、ワンドのエ
レメントである**火の星座さんがキーパーソ
ン**の可能性も。周囲に牡羊座さん、獅子座
さん、射手座さんがいたら注目を。

👁 絵を観察すると？　今は立ち止まっていますが、上向きの視線から、
旅立ちへの意欲と希望が感じられます。頭の羽は
若さからくる自由で柔軟な発想を表現。背景には山がありますが、そちらを見ていな
いことから、困難があろうと気にしない、楽観的な姿勢が見て取れます。

INTERPRETATION　たとえばこんなふうに解釈

Q.1 スプレッドの「アドバイス」に
このカードが出たら…。

情熱を燃やしたくなるような
新しい情報

↓

一度、諦めたことについて再チャレンジする
時。やりたかった趣味や仕事、昔好きだった
相手など、心に引っかかっていることがある
なら今がチャンス。

Q.2 恋人との関係を
改善するには？

情熱を燃やしたくなるような
新しい情報

↓

倦怠期のふたりの情熱が戻りそうな予感。仕
事など、恋愛以外で楽しめることや情熱を燃
やせる対象を見つけると、パートナーシップ
も自然と上手くいきそうです。

ワンドの**ナイト**

⟩ KNIGHT OF WANDS ⟨

フットワークの軽さ／スピード／
考えるより行動／情熱

思い立ったらすぐ行動

考え込んでじっとしているより、動くこと
でものごとが展開していく時。行動力を求
められているので、**直感を頼りに情熱が動
く方向へ**と、とりあえず進んでみましょう。
人物についてこのカードが出たなら、見切
り発車も多いですが、**フットワークが軽く、
自分に自信があるのでモテそうな人**です。
**常に忙しくしていないと落ち着かない、冒
険家タイプ**とも言えます。

👁 絵を観察すると？

「善は急げ」と言わんばかりに直感に従って突き
進む青年の姿があります。棒を掲げ、炎が燃えて
いるような鎧を身につけていることからも、やる気が感じられます。また馬の恰好を
見ても、前脚を高々と上げていることから、体力とスピードを感じさせます。

INTERPRETATION　たとえばこんなふうに解釈

Q.1 デートに誘ってくる上司、
上手くかわすには？

情熱

↓

相手は情熱的で色気もあるので魅力的に見え
るかも。ですが熱しやすく冷めやすいタイプ
のようです。今は情熱に従って動いているよ
うですが、そのうちすぐに収まりそうです。

Q.2 スプレッドの「根本」に
このカードが出たら…。

考えるより行動

↓

行動力が足りていないようです。頭でっかち
になっているので、あれこれ考え過ぎず情熱
の赴くままに行動してみましょう。そうする
ことで状況も展開していくはずです。

ワンドの**クイーン**

⇒ QUEEN OF WANDS⇐

KEY WORD

マルチタスキング／パワフル／魅力

情熱的マルチタスカー

情熱は上手に扱わないと怒りになる恐れがありますが、彼女は**情熱を上手くパワーに変換できる人**です。要領がいいというより、**パワフルさゆえに、たくさんのことを同時に成し遂げられます。** 人物を表すカードとして出たなら、家事・育児をしながら仕事も趣味も楽しめるようなタイプです。**精神的に自立していて、自分のスタイルを確立しているとても魅力的な人**です。

👁 絵を観察すると？

玉座のようなところにゆったりと座っています。クイーンの前にいる黒猫は、彼女のダークサイドを表しています。エネルギッシュな彼女ですが無邪気なわけではなく、さまざまな経験から得た強さのよう。右のヒマワリは、彼女の輝かしいオーラを表現しています。

INTERPRETATION　たとえばこんなふうに解釈

**Q.1 スプレッドの「未来」に
このカードが出たら…。**

> パワフル、魅力

↓

あなたにはワンドのクイーンのような魅力があるようです。この人を目指せるポテンシャルが十分にあるので、仕事もプライベートも妥協せず、楽しむ気持ちを大切にしましょう。

**Q.2 仕事についての
アドバイスを！**

> マルチタスキング

↓

今はパワーが十分にあるので、いつもより多少、多くの仕事を抱えていてもしっかりとこなせそうです。楽しむことにフォーカスすると、より上手く回っていきそうです。

ワンドの**キング**

≳ KING OF WANDS ≲

KEY WORD

カリスマ／リーダー／能力／才能／
人望／魅力

成り上がったカリスマ

ワンドの人物には全体的にカリスマ性がありますが、中でも**ひときわ魅力的な人**です。生まれはそれほど恵まれていない印象ですが、**実力や人望によって成り上がったよう。誰も手がけなかったことをゼロから始めて成功する**タイプです。行動力や判断力、才能にあふれた**リーダー気質**で、人気も抜群。キングの中では**自由な気質**で、社長に例えるならベンチャー企業の社長です。

👁 絵を観察すると？

椅子の背にもたれず、浅めに腰かけていることから、いつでも立ち上がる準備はできているようです。いざという時にはすぐに動ける瞬発力と、先頭に立つという気概が感じられます。身にまとっている赤い服からは情熱やパワー、緑の服からは愛情深さがうかがえます。

INTERPRETATION たとえばこんなふうに解釈

Q.1 職場の人間関係を円滑に進めるには？

> リーダー、人望

↓

職場でリーダーシップを発揮するなど、周囲に合わせるのではなく能動的に行動しましょう。自分から周囲を引っ張っていくことで、職場にいい雰囲気をもたらせそうです。

Q.2 気になるあの人と仲良くなるには？

> 能力、才能

↓

自分のスペックを遺憾なく発揮しましょう。情熱的に自分の行動力や才能を発揮すれば、相手はあなたの魅力に気づき、自然と興味を持ってくれるはずです。

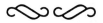

CUP
カップ
（聖杯）

カップは聖杯の象徴であり、水のエレメントです。水には感情や愛情、転じてロマンスや人間関係、夢、希望などの意味合いがあります。人物カードについてはサイキック能力が高く、直感が鋭いというスペックがあります。宇宙さんとのつながりも強い人たちです。

1

POINT

ADVICE

水星座さんを象徴することも

カップは水のエレメントのため水星座（蟹座・蠍座・魚座）の人を象徴している可能性が。他にもワンド＝火は牡羊座・獅子座・射手座、ソード＝風は双子座・天秤座・水瓶座、ペンタクル＝地は牡牛座・乙女座・山羊座を象徴します。

カップの
エース
⇒ACE OF CUPS⇒

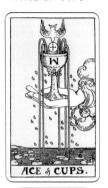

KEY WORD
強いつながりの出会い／
新たな出会い／深い直感

ワクワクすることの新しい始まり

宇宙さんからのプレゼントである「水＝感情や愛」があふれています。**新たなロマンスの始まり**など、ワクワクするような出来事が起こりそうです。**パートナーがいる人は次のステップに進む可能性も**。必ずしもパートナーシップ関連の出来事とは限りませんが、愛のスートであるため、**心が気持ち良く動く何かが始まりそう**です。

INTERPRETATION たとえばこんなふうに解釈

Q. 素敵な物件との出会い、この意味は？

強いつながりの出会い

↓

この物件との出会いは宇宙さんからのプレゼントなのでどうぞ受け取ってください。カードの中の白い鳩は平和の象徴であり、引っ越した先で心の安らぎが得られそうです。

カップの
2
⇒TWO OF CUPS⇒

KEY WORD
フォーリンラブ／
深いつながり／
運命の相手

縁が深いソウルメイト

ラブラブランキング（P.143）1位のカードであり、**ソウルメイトや運命の相手**といった意味合いが。見つめ合う男女と、ふたりを見守るライオンがいます。家族や友情としても読み取れますが、限りなく恋愛寄りのカードです。男性は手をつなごうとしていて、**過去世からのつながり**も示唆するような長い付き合いが感じられます。

INTERPRETATION たとえばこんなふうに解釈

Q. 猫を飼ったらどうなる？

深いつながり、運命の相手

↓

あなたにとってこれから出会う猫は、とても縁が深いソウルメイトのような存在でしょう。良い関係が築けるはずなので、迷わず家に迎え入れて良さそうです。

カップの 3
= THREE OF CUPS =

お祝い／お茶や飲み会
などの社交の場／
うれしい出来事

祝福に満ちたイベント

女性が乾杯している明るい雰囲気のカードです。飲み会や結婚式など、これから**何かをお祝いするような出来事**がありそうです。結婚そのものを表す場合もありますが、どちらかと言うと**結婚式や二次会、婚約や妊娠**など、喜ばしいイベントを表します。友達の結婚式に出席する場合は、**社交的**になるといい出会いがありそう。

INTERPRETATION　たとえばこんなふうに解釈

Q.ご近所さんと仲良くなるには？

お茶や飲み会などの社交の場

飲みに誘ってみるなど、打ち解けるための場を設けると良さそうです。とにかく陽気なカードあり、一対一では気まずい相手とも何人かで集えば楽しいハードになりそうです。

カップの 4
= FOUR OF CUPS =

受け取り下手／退屈

ポジティブな位置で出たら
素直に受け取る／
チャンスに気づく

贈りものをきちんと受け取る

宇宙さんがワクワクするようなチャンスを差し出してくれていますが、男性は目をつぶって見ていません。むしろ**拒絶**しているようにも見えます。**自分にはネガティブに見えているものでも、実は宇宙さんからのありがたい贈りもの**という可能性があります。表面的な事象にとらわれず、その先にあるものをきちんと見極めましょう。

INTERPRETATION　たとえばこんなふうに解釈

Q.アルバイトをクビに。どうして？

素直に受け取る、チャンスに気づく

本当は他にやりたいことがあるのに、なかなか実行に移さずグズグズしていたために、宇宙さんから背中を押された可能性があります。いい機会だと捉え、未来に目を向けて。

カップの
5
≈FIVE OF CUPS≈

覆水盆に返らず

ポジティブな位置で出たら

小さな幸せに感謝

今ある豊かさにフォーカス

倒れている３つのカップと、立っている２つのカップがあり、中央の人物は倒れた方ばかりを見ています。**失ったものにとらわれてひどく落ち込んでいる**ようですが、まだ２つのカップが残っています。川が流れる先には橋が見えます。喪失感は大きそうですが、**残った２つのカップを手に別の世界に行く**ことで心を癒しましょう。

INTERPRETATION　たとえばこんなふうに解釈

Q. 婚活で失敗ばかり。成功させるには？

覆水盆に返らず

終わってしまったことをいつまでもクヨクヨと考えるのはやめましょう。これはより良い出会いのための大事な一歩！自分の魅力をたたえていれば必ず最高の出会いがあります。

カップの
6
≈SIX OF CUPS≈

ノスタルジー／懐古／
前世からの縁

前世からの縁かノスタルジーか

過去のニュアンスがとても強いカードです。ポジティブかネガティブかは、**状況により解釈がわかれます**。パートナーシップについてたずねたなら、**幼馴染やソウルメイト**と読める一方、振られた相手との復縁を望んでいる場合には「**過去を美化し過ぎている**」とも読めます。迷った時は補助カードを引いて確かめましょう。

INTERPRETATION　たとえばこんなふうに解釈

Q. 起業するためのアドバイスを！

前世からの縁

新たに始めるビジネスであっても、実は過去世で経験している可能性があります。あなたの魂が仕事のノウハウやコツを覚えているので、自信を持って取り組めば大丈夫です。

カップの7

SEVEN OF CUPS

選択肢が多い／
優柔不断／自分にとって
ベストな選択

必要なものを見極める

目の前にたくさんのカップがあり、**選択肢が多過ぎて何を選べばいいのか迷っている**人がいます。カップの中身は財宝や蛇など、手に取りたいものとそうでないものがあり、本当に必要なものを見抜く力が求められています。**世間がいいと言うものではなく、自分にとってベストなものは何か**を考えるといい選択ができそうです。

INTERPRETATION　たとえばこんなふうに解釈

Q.恋人との関係を発展させるには？

自分にとってベストな選択

↓

結婚などの世間的な幸せを望んでいるのか、見直しを促されています。世間一般の型にはまろうとする以外に、自分たちが心地良いスタイルを選択してみてもいいかもしれません。

カップの8

EIGHT OF CUPS

自ら立ち去る／手放す

今あるものを手放す

これまでに集めた8つのカップを捨て、立ち去る人がいます。**自分が手にしてきたものを手放し、今いる場所から立ち去らざるを得ない時**です。昔は必要と感じたものでも、成長した今、それが最終目標ではなくなったようです。さみしくても前進するためには必要な変化であり、**本当にほしいものを手にするための大事な決断**です。

INTERPRETATION　たとえばこんなふうに解釈

Q.腐れ縁の恋人への不満を解消するには？

自ら立ち去る

「別れたくない」という気持ちが強くても、今は距離を置くことがお互いのために良さそう。ひとり時間を設け、怒りや悲しみを流し、落ち着いたころに今後どうしたいか考えて。

カップの **9**
=NINE OF CUPS=

願いが叶う／ハッピー

願いが叶う

大アルカナの「太陽」と並んで、**ハッピー**なカードです。9つのカップを並べ、満足気な表情で座っている男性がいます。「カップの8」では持っていたものを捨てましたが、**捨てたからこそ新しいものを手に入れられた**ようです。カップをきれいに並べていることから**人に見てもらう＝周囲からお祝いされる**可能性もありそうです。

INTERPRETATION　たとえばこんなふうに解釈

Q.資格試験に合格するには？

願いが叶う

↓

今は「カップの8」のような状況でネガティブになっているかもしれませんが、今後、努力した成果が表れてくるので大丈夫。今の努力を続けていれば必ず報われる時がきます。

カップの **10**
=TEN OF CUPS=

幸せな家族／
幸せの絶頂／
ハーモニー

理想を叶えた幸せな家族

空には幸せの象徴であるカップの虹が浮かんでいます。夫婦は手を広げ、宇宙さんからプレゼントされた幸せを受け取っています。個人的な幸せとも読めますが**家族の**ニュアンスが強く、結婚して家庭を築きたいという人にはベストな1枚。**理想としていた幸せが形になる、幸せのゴールテープを切る**といった**満足感のあるカード**です。

INTERPRETATION　たとえばこんなふうに解釈

Q.仕事のプレッシャーを克服するには？

幸せな家族

↓

家族と過ごす時間など、プライベートを充実させることでストレスを緩和できそうです。仕事にフォーカスし過ぎているので、家族やペットとの触れ合いなどで癒される時間を。

PAGE of CUPS.

カップのペイジ

PAGE OF CUPS

ラブレター／新しい出会いや再会／
ドキドキするようなお知らせ

素直な気持ちを伝える

愛や感情を示すカップとメッセンジャーの
役割を持つペイジから、**ラブレターやドキ
ドキするようなお知らせ**という意味合いが
あります。また、過去にハマったもののし
ばらく離れていたことに再度ときめくなど、
**再会や、今までの関係が次のステップに移
行する**といったニュアンスも。人物につい
てこのカードが出たなら、**繊細で夢見がち、
子どものように純粋**な心の持ち主です。

👁 絵を観察すると？　カップから出てきた魚とペイジが目を合わせてい
ます。魚は何かいいお知らせを伝えてくれている
ようです。背景の水が揺らいでいることから、良くも悪くも繊細で、感情が動きやす
い様子。花柄の服は、彼が純粋で美しい魂の持ち主であることを表しています。

INTERPRETATION　たとえばこんなふうに解釈

Q.1 モテない私に
アドバイスを！

ラブレター

↓

あなたのことを想っている人がいるようなの
で、ひょっとしたら告白されるかも。反対に
今、気になっている人がいるのなら自分から
想いを伝えてみるのも良さそうです。

Q.2 友達とケンカ中。
仲直りをするには？

ラブレター

↓

あなたがどういう不満を持っているのか、気
持ちを正直に伝えてみると良さそう。イヤな
思いをしているなら、素直に伝えることでお
互いに気づきを得られそうです。

KNIGHT of CUPS.

カップの **ナイト**

⚘ KNIGHT OF CUPS ⚘

ロマンチスト／好きなことに積極的

「好き」に素直

自分の気持ちが上がるような、好きなことに取り組むといい時です。カップのナイトには、**好きなことにはフットワークが軽く**、やりたくないことに対しては徹底して腰が重いという極端な面も。恋愛については**ロマンチストで自分の気持ちを表現するのが上手く**、モテるタイプです。ただし常にパートナーシップに新鮮さを求めるため、**長続きさせるのは苦手**かもしれません。

👁 絵を観察すると？

持っている「カップ＝愛情」を誰かに渡して表現したい様子。頭や足に羽がついていることから、好きなことばかりふわふわと追いかけているロマンチストな性質がうかがえます。魚は常に水中を泳ぎ回っていることから、魚柄の服は移り気な彼の気持ちを表します。

INTERPRETATION たとえばこんなふうに解釈

Q.1 気になるあの人の
人物像は？

ロマンチスト

↓

ロマンチストで恋愛体質な人ですが、結婚には向いていないかも。恋愛だけと割り切って付き合うなら楽しめそうですが、その先を期待するなら、新鮮さを保つ努力が必要そう。

Q.2 仕事のモチベーションを
上げるには？

好きなことに積極的

↓

あなたは自分の中の「好き」という気持ちが絡まないとやる気が出ないタイプのよう。希望の部署や、憧れの先輩や上司がいるチームへの異動を希望してみましょう。

カップの **クイーン**
⇒ QUEEN OF CUPS ⇐

無償の愛／慈悲／許し

聖母マリアのような愛

とても愛情深い人です。直感力も高い人なので、この人に嘘は通用しません。**ハートチャクラ（P.147）が発達した愛情の塊のような人で、面倒見がいいお母さんのような存在**。精神的に自立していて、**自分が満たされているからこそ人に与えることができます**。しかし愛情深いからといって情に流されることはなく、**大切なものを守るためにはきちんとNOと言えます**。

👁 絵を観察すると？

豪華なカップを持っていることから、豊かな愛情の持ち主であることがわかります。椅子に描かれた人魚は、人間が持つ理性と魚が象徴する感情を、彼女がバランス良く持っていることを表現。人魚が魚をつかんでいる様子からも、感情を制御できているようです。

INTERPRETATION たとえばこんなふうに解釈

Q.1 気になる相手と
より良い関係を築くには？

無償の愛

相手に対し、無償の愛を表現すると良さそうです。もし相手がそういうタイプの人であれば、あなたを優しく包み込んでくれるはずなので何も心配はいりません。

Q.2 職場の後輩を育成する際の
アドバイスを！

無償の愛、許し

まずは優しく、愛情を向けることから始めましょう。後輩のいいところを褒め、未熟さを許す心で接するなど、伸び伸びと成長できる環境をつくってあげると良さそうです。

カップの**キング**

= KING OF CUPS =

KING of CUPS.

器が大きい／忍耐強い／
面倒見が良い

愛を行動で表す寛容さ

カップのキングはこの上なく器が大きく、周囲全体に愛情を与えられる人です。**人間的に成熟している**ため、**自分の感情を完璧にコントロール**できます。社長に例えるなら、社員一人ひとりのことを思いやりつつ、**家庭にも同じだけのエネルギーを注げる**タイプ。社長業を立派にこなしながらも自宅に帰れば子育てに協力するなど、**ものすごい量の愛を行動で示す**ことができます。

👁 絵を観察すると？　波打つ水の上でも平然と座っていることから、感情のコントロールの上手さがうかがえます。一方で足に魚の鱗のような模様があることから、決して感情が乏しいわけではないことがわかります。むしろ豊かな感情を持ち、自分の愛を言葉よりも行動で示せるようです。

INTERPRETATION　たとえばこんなふうに解釈

Q.1 最近できた恋人と
上手くやっていくには？

器が大きい

↓

相手はとても懐が深い人のようなので、あなたのことを優しく受け止めてくれるはずです。あなたもありのままの相手を受け止められるような、器の大きな人を目指しましょう。

Q.2 仕事のプロジェクトを
成功させるには？

面倒見が良い

↓

メンバー一人ひとりに目を配るなど、面倒見の良さを発揮するとスムーズに進みそうです。また、クライアントからどんなことが求められているのかも意識すると良いでしょう。

SWORD

ソード

（剣）

ソードは風のエレメントです。風は思考や頭の中の象徴であり、そこにはエゴなどのネガティブな考えも同居しています。小アルカナの中では比較的ネガティブなカードが多いのですが、知性や正義、アイデアといったポジティブな意味合いもあるので、必要以上に恐れずに読み解いていきましょう。

1
POINT
ADVICE

補助カードを適宜活用しよう

絵柄からもネガティブな印象のカードが多いソード。パッと見の印象で「怖い」と感じたり、スプレッドのポジティブなポジションにネガティブなカードが出たりした場合は、補助カードを引くことでニュアンスを確かめてみましょう。

ソードの
エース
⇒ACE OF SWORDS⇒

KEY WORD

ひらめき／
インスピレーション／
困難を乗り越え進む

困難から学びながら進む

宇宙さんから**ひらめきやインスピレーション**といった**贈りもの**が届きます。ただ他のエースとは異なり、ソードのエースには**困難が伴う**可能性が。たとえばひらめきをもとに何かを始めても、壁にぶつかりながら進むイメージ。**スパルタコース**ではありますが最後には上手くいくので、困難にくじけず**学びのチャンス**と捉えましょう。

INTERPRETATION たとえばこんなふうに解釈

Q. 人間関係で苦労続き…アドバイスを！

> 困難を乗り越え進む

↓

これまで苦労をしてきた人にこのカードが出たなら、新たなスタートに立つための準備期間だったと言えます。これまでの学びを活かすことで、これからの出会いを楽しめそう。

ソードの
2
⇒TWO OF SWORDS⇒

KEY WORD

決断できない／優柔不断

ポジティブな位置で出たら
理性で判断

感情ではなく理性で判断

決断できない、転じて優柔不断な状況です。目隠しをしている人は、**外界の情報を当てにせず、自分の中に答えを求めています。**実は本心では何を選ぶべきかわかっているものの、**選ぶ勇気がない**様子。胸の前でソードを交差させていることから、**感情をシャットダウン**し、**理性で判断**することで**取捨選択**できそうです。

INTERPRETATION たとえばこんなふうに解釈

Q. 内定した2社から良い選択をするには？

> 理性で判断

↓

これまでの付き合いや情を抜きにしたクールな決断を迫られています。どちらかの仕事を人に紹介してもらっていたとしても、自分が本当にやりたいと思う方を選びましょう。

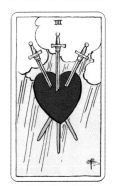

ソードの
3
= THREE OF SWORDS =

ポジティブな位置で出たら

補助カードを引いて
ニュアンスを確認

ハートブレイク

絵から連想される通り、ハートブレイクのカードです。**悲しい事実の発覚**などからショックを受けていますが、まずは**心の傷を癒す**ことに専念して。刺さったソードを抜くのは痛いですが、そのまま動いては危険ですし、抜かないことには傷が治りません。自分の中の膿（うみ）をすべて出し尽くし、自分自身を慰める時間が必要です。

INTERPRETATION　たとえばこんなふうに解釈

Q.スプレッドの「未来」に出たら？

傷心、自分自身を癒す

何かしら心が傷つくようなことがあるかもしれません。しかしその傷を修復して、より強いハートを構築するチャンスです！　補助カードを引いて、アドバイスを求めましょう。

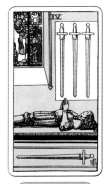

ソードの
4
= FOUR OF SWORDS =

KEY WORD

小休止／休憩／瞑想

酷使した心と身体を休める

４本のソードのうち、３本が寝ている人の方を向いています。**自分の心や身体を酷使**してきた結果、休む必要が出てきました。今は少し**休憩して宇宙さんとつながる時間を持つ**ことが大切です。ステンドグラスに母子が描かれていることから、家族と会話したり、昔の思い出を振り返ったりするのも助けになるでしょう。

INTERPRETATION　たとえばこんなふうに解釈

Q.オレ様な恋人とどう付き合えばいい？

休憩

相手のことを気にし過ぎて、自分のケアが十分にできていないよう。相手との距離を少し置いて、自分の時間をつくりましょう。良質な睡眠を取ることや朝晩の瞑想もオススメです。

ソードの 5
≥FIVE OF SWORDS≤

KEY WORD
マインドゲーム／陰口

ポジティブな位置で出たら
距離を置く／
愚痴を言わない

水面下の争い

争いを表す、波動の低いカードです。「ワンドの5」があからさまなケンカであるのに対し、「ソードの5」は**冷戦のような陰湿な争い**です。グループの中に同じ方向を見ていない人や陰口を言う人がいるなど、**不調和がありバランスが崩れている状況**です。悪口を言う人や思惑がありそうな人とはしっかりと距離を置きましょう。

INTERPRETATION たとえばこんなふうに解釈

Q. 恋敵になった友達と関係修復するには？

距離を置く

同じ人を好きになったことで、友達と泥仕合が始まっています。自分はもちろん、誰も得をしないため、その恋や友人からは距離を置き、一旦クールダウンしましょう。

ソードの 6
≥SIX OF SWORDS≤

KEY WORD
困難の終わり／海外

教訓を手に平和の地へ

船頭さんが漕ぎ出した船に親子が乗っています。手前の水は波打っていますが、向こう側は穏やか。**荒波を乗り越え平穏な地へと向かう**様子から、**困難の終わり**がうかがえます。イヤな気持ちは水に流し、困難から学んだ教訓だけを持って平和の地へと向かっているよう。船頭さんがいることから、**誰かのサポート**を得られる可能性も。

INTERPRETATION たとえばこんなふうに解釈

Q. 自分の進路を決断するには？

困難の終わり

何かに迷っていて決められない時には、落ち着いた場所や環境に身を置くことで正しい判断ができそうです。何らかの支障があるのなら、もうすぐ事態が好転しそうです。

ソードの
7
⟹ SEVEN OF SWORDS ⟸

良からぬ思惑

7本のうち、5本のソードを持って逃げるように立ち去る男性がいます。背景の黄色は知性を表すことから、**悪知恵が働く人のよう**。しかし、よく見るとソードの刃の部分を持っていることから、**彼自身もいずれ痛い目に遭うことが予想されます。周囲に良からぬ思惑がある人や嘘つきがいる可能性があるので近づかないように注意を。**

> **INTERPRETATION** たとえばこんなふうに解釈

Q. 合コンであの人と出会った意味は？

人を見る目を養う

↓

恋愛関連でこのカードが出たなら、浮気性の人である可能性があります。または何らかの思惑があってあなたを利用しようとしている危険性も。人を見る目を養う訓練としましょう。

ソードの
8
⟹ EIGHT OF SWORDS ⟸

負の思い込みを捨てる

一見すると、ソードの中に女性がとらわれているように見えます。しかしよく見ると彼女を縛っている紐は緩く、**その気になれば脱出できるのに、抜け出せないと思い込んでいるようです**。このカードが出た時は、**視野が狭まり、行動するのを怖がっている**時。ネガティブな思い込みを捨て、勇気を持って抜け出しましょう。

> **INTERPRETATION** たとえばこんなふうに解釈

Q. 転職を引き止めてくる上司を説得するには？

自ら脱出

↓

「辞めないで」というのは会社の都合であり、あなたが気にする必要はありません。「辞められない」という思い込みを捨て、クールに割り切って手続きを進めましょう。

ソードの
9
⚜ NINE OF SWORDS ⚜

悪夢／恐れ／
負のスパイラル

ポジティブな位置で出たら
良質な睡眠を取る

考え過ぎて夜も眠れない

悪夢にうなされ、起き上がった人がいます。**悪い方向に考え過ぎて、夜も眠れない**ようです。「ソードの9」は恐れにフォーカスし過ぎて、**負のスパイラル**にハマってしまった状態です。実際によく眠れていない可能性があるので、まずは**睡眠の質を上げましょう**。寝る前に温かいものを飲む、アロマを焚くなどの対策を取ると効果的。

INTERPRETATION たとえばこんなふうに解釈

Q.連絡のない友達と関係を修復するには？

負のスパイラル

人間関係で出たら、悪く考え過ぎている証拠です。「気に障ることを言ったかも」などと、妄想が広がっても、実際には相手は何も気にしていないので心配しなくて大丈夫です。

ソードの
10
⚜ TEN OF SWORDS ⚜

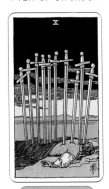

困難の終わり／完了

ポジティブな位置で出たら
最悪は過ぎた

困難の後の夜明け

背にソードを10本刺された男性が倒れています。痛々しく見えますが、一度死んでしまえば**これ以上痛みは感じません**。奥の景色を見ると、**暗闇の中で夜が明けつつある**のがわかります。一番辛い時は過ぎ、あとは良くなるしかありません。まだ悲しみはあるかもしれませんが、ひとまず**最悪な状況を脱した**ことを喜びましょう。

INTERPRETATION たとえばこんなふうに解釈

Q.スプレッドの「アドバイス」に出たら…。

完了

過去やトラウマを引きずっている可能性があります。すでに終わったことであり、そこにこだわり続けるのは逆に辛いことなので、過去を手放すことで心の痛みも消えるはずです。

ソードのペイジ
⇒ PAGE OF SWORDS ⇐

耳が痛いお知らせ／正論

真実のお知らせ

何かのお知らせが届くようです。人によっては**耳が痛い内容**かもしれませんが、重要なことなので受け取っておいた方が良いでしょう。無視すると、後々困った事態になるかも。人物として見るなら、**正直で空気を読まない**タイプ。精神的にまだ若く、思ったことを反射的に言ってしまうところがあります。**正義感が強く、正論を言いがち**なので煙たがられることもありそう。

👁 絵を観察すると？

木が風に揺れている様子から向かい風であることがわかります。空を隠す雲も多いですが、そんなことは気にせず、怖いもの知らずで立ち向かう若者がいます。メッセンジャーの象徴である鳥がたくさん飛んでいることから、メッセージの重要度の高さがうかがえます。

INTERPRETATION たとえばこんなふうに解釈

Q.1 仕事で重大ミスが発生。挽回するには？

正論

↓

上司から叱られるかも？辛くても相手の言うことが正しいのであれば受け止めて。反対に自分に正義があると思うなら、空気を読まず主張することで良い方向に向かいそうです。

Q.2 すれ違いがちな恋人との関係を修復するには？

耳が痛いお知らせ

↓

相手から何かお知らせがありそうです。あなたにとっては耳が痛い内容かもしれませんが、しっかりと受け止めることで、今のモヤモヤとした状況を抜け出せるはずです。

KNIGHT of SWORDS.

ソードの**ナイト**
⇒ KNIGHT OF SWORDS ⇐

(KEY WORD)

猛スピード／動きながら考える

速いっ!!!

馬の走り方やナイトの姿勢からわかる通り、とてもスピード感があるカードです。**スピードランキング（P.143）でも1位を獲得する**速さです。このカードが出た時は、**ものすごい勢いでものごとが動いていく時**です。人物として読むなら、**行動しながら考える**ようなタイプの人です。考えるために立ち止まるということはなく、**この人を止めることは誰にも不可能**なようです。

❖ 絵を観察すると？

背景の木も空の鳥も、彼が起こしたトルネードにより乱れています。頭の羽は、彼の頭の回転がスピーディなことを表しています。馬の胴体には蝶の柄がありますが、蝶は変容の象徴であり、自分に変化をもたらすためにスピードを上げていることがわかります。

INTERPRETATION たとえばこんなふうに解釈

**Q.1 婚活の
アドバイスを！**

動きながら考える
↓

立ち止まっている余裕はありません。すぐに行動に移しましょう。「相手に嫌われたらどうしよう？」などと思い悩むより、どんどん出会いを増やす方が成果につながります。

**Q.2 新しい取引先と
良好な関係を築くには？**

猛スピード
↓

取引先とのコミュニケーションのテンポを上げましょう。頼まれていることがあるなら、熟考するよりもスピード重視で対応した方が相手の満足度につながるようです。

ソードの**クイーン**
= QUEEN OF SWORDS =

QUEEN of SWORDS.

(KEY WORD)

シングル／自立／断捨離上手

自立クイーン

このカードは**シングルの人の象徴**です。酸いも甘いも知り尽くし、**精神的にかなり自立**しています。辛い経験もしてきた分、**自分にとって必要なものとそうでないものを見分ける能力**が高いです。基本的には優しい人ですが、**自分の平和を脅かそうとするものは躊躇なく切り捨てる強さ**もあります。ソードは思考のスートであることから、頭が良く**知的な魅力**に満ちあふれています。

👁 絵を観察すると？　空に雲がたくさん出ていますが、クイーンが剣を向けた先は晴れています。彼女が目を向けた場所には真実がもたらされ、あらゆる問題が解決されるよう。つがいではなく一羽で飛んでいる鳥はシングルの象徴であり、ひとりで悠々自適に過ごしていることを表します。

(INTERPRETATION　たとえばこんなふうに解釈)

Q.1 片思いの恋を進展させるには？

| 自立 |

↓

まずは恋愛よりも、自分自身の自立にフォーカスすることが大事なようです。仕事や趣味などで自分の土台をつくってからお付き合いした方が、良い関係が築けそうです。

Q.2 プロジェクトリーダーに。メンバー集めのポイントは？

| 自立、断捨離上手 |

↓

チームのメンバーには同じ方向を向いて切磋琢磨できる人を選んで。「仲がいいから」という理由で採用すると、トラブルの原因に。情を捨て、自立した人を選びましょう。

ソードの**キング**

≡ KING OF SWORDS ≡

冷静沈着／論理と理性／
巧みな言葉遣い

冷静沈着な**ロジックマン**

キングの中でも、頭ひとつ飛び抜けて存在感があるカードです。**非常に優秀な戦略家で、多くの人を動かせるリーダー**です。社長に例えるなら、**冷静沈着**な大企業の社長タイプ。**非常に賢く言葉遣いも巧み**ですが、むやみに言葉を武器にするようなことはなく、使いどころを心得ています。パートナーシップでは「仕事が恋人」というタイプで、あまり家庭には向かないかもしれません。

✏ 絵を観察すると？

風に舞う鳥が冠にあることから、頭の回転が相当速い人であることがわかります。椅子の背もたれの蝶の模様は、変化や変容にも強く、不測の事態に対処できるスペックを表しています。その下には妖精もいることから、願いを現実化させるのが得意なようです。

INTERPRETATION たとえばこんなふうに解釈

Q.1 ケンカが多い恋人と 良い関係を保つには？

冷静沈着

↓

冷静さが求められている時です。恋愛中は視野が狭くなりがちですが、客観的な視点からふたりの関係性を見直す必要がありそう。また言葉遣いにも気をつけると良さそうです。

Q.2 もっと収入を 上げるには？

巧みな言葉遣い

↓

そのためのポテンシャルは十分にありそうです。持ち前のコミュニケーション能力の高さを活かすことで今よりさらに才能が発揮され、収入にもつながっていきそうです。

PENTACLE

ペンタクル

（金貨）

ペンタクルは地のエレメントです。地はモノやお金、豊かさを象徴しており、4つのスートの中で唯一、物質を表します。家や安全、健康などもペンタクルのカードを読み解く上でのキーワードになります。地道にコツコツ、忍耐強く積み上げるのが地のイメージです。

1
POINT

ADVICE

お金は停滞すると腐る

お金には水のような性質があり、止まっていると淀み、腐ってしまいます。お金は、気前良く使ってくれる人が好きで、その人のもとにまた返ってきたいと思うものです。そうした視点も持ちながらメッセージを読み解きましょう。

ペンタクルの
エース
≈ ACE OF PENTACLES ≈

KEY WORD

豊かさ／棚ぼた／
ラッキー／成功／幸運

豊かさのプレゼント

宇宙さんから豊かさに関する何らかのプレゼントが届くようです。**お金につながる新しいプロジェクトの始まり**の他、お金に限らず、**出会いやチャンス**といったうれしい出来事が起こる可能性もあります。宇宙さんの手の下にはたくさんの花が咲き誇り、その向こうには山があることから、まだまだ**豊かさの伸び代**はありそうです。

INTERPRETATION たとえばこんなふうに解釈

Q. 新しい恋人との関係にアドバイスを！

> 豊かさ

経済的にも豊かで健全な関係が築けそうです。ペンタクルは地のエレメントであることから堅実なイメージもあり、心配しなくても地に足を着けたお付き合いができそうです。

ペンタクルの
2
≈ TWO OF PENTACLES ≈

KEY WORD

マルチタスキング／両立
／バランス

複数のことを同時にこなす

2つのペンタクルで巧みにジャグリングをしている男性がいます。**複数のことを同時にこなし、両立させている**ことを表します。ペンタクルがインフィニティマークで囲まれていることから、**バランスの取れた状態は今後も続きそう**です。背後に海や船があるため、両立を通して新しい世界やスタイルに移行するというニュアンスも。

INTERPRETATION たとえばこんなふうに解釈

Q. 同棲相手と良好な関係を築くには？

> バランス

ふたりの間での受け取ることと与えることのバランスをきちんと取りましょう。たとえば家事の負担がどちらか一方に偏っていないかなど、分担を見直してみるのも良さそうです。

ペンタクルの
3
= THREE OF PENTACLES =

KEY WORD
アート／協力／
プロ／チームワーク

アート×協力

左側の職人と右側の出資者ふたりが話をしています。3人は協力して立派な建物を完成させようとしています。これは**クリエイティブランキング（P.142）1位**を誇る創造的なカードで、**アートの才能に関するお墨付き**を表します。**人からのサポートやチームワークを大切に**しながら、**プロフェッショナルなものづくり**をしましょう。

INTERPRETATION　たとえばこんなふうに解釈

Q. 引きこもりの家族に対しできることは？

> プロ、協力

プロフェッショナルという意味合いがあることから、その道の専門家に相談してみると良さそう。家族の協力や外部からのサポートを受けながら解決の糸口を探しましょう。

ペンタクルの
4
= FOUR OF PENTACLES =

KEY WORD
執着

ポジティブな位置で出たら
執着を手放す

執着を手放す

王冠を被った位が高そうな男性が、ペンタクルを両手や足元にまで所有しています。このカードが出た時は、**浪費し過ぎているか倹約し過ぎている**かのどちらか。いずれにせよ、**お金への執着が極端**になっているようです。またお金や物質以外にも、**人や地位などへの執着**を表す場合があり、行動の見直しが必要な時です。

INTERPRETATION　たとえばこんなふうに解釈

Q. スプレッドの「アドバイス」に出たら…。

> 執着を手放す

なぜ執着してしまうのか、気持ちの見直しが必要です。倹約し過ぎたり、お金を失うことへの恐怖が強かったりする場合は、寄付などをするとお金との向き合い方を変えられそう。

ペンタクルの
5
⇒FIVE OF PENTACLES⇐

KEY WORD
孤立／孤独感／欠乏感

ポジティブな位置で出たら
体調管理／
人の助けを受け取る

素直に助けを求める

雪の中を裸足で歩いている人がいます。教会に入れば暖を取れるのに、素通りしようとしています。このカードは孤立感を表しています。**自分に足りないものや欠乏感にフォーカスし過ぎず、必要な時は素直に助けを求めることが大切**です。左側の人物がケガをしていることから、**体調管理に気をつけて**というアドバイスも。

INTERPRETATION たとえばこんなふうに解釈

Q. 気になるあの人との出会いの意味は？

人の助けを受け取る

⬇

あなたは受け取り下手の可能性があります。喜びを素直に表現したり、人に助けを求めたりすることが苦手なことから、新たな出会いはそれを克服するためのチャンスのようです。

ペンタクルの
6
⇒SIX OF PENTACLES⇐

KEY WORD
ギブ＆テイク

豊かさのお裾分け

裕福そうな男性が、片手に天秤を持ちながら人々にお金を分け与えています。人に与えられるだけの豊かさを持ちつつ、**受け取る・与えるのバランスもきちんと保てている**ようです。男性のように、たくさんのものを手にしたり、誰かに与えてもらったりした時には、**豊かさの流れを滞らせない**ためにも周囲にお裾分けしましょう。

INTERPRETATION たとえばこんなふうに解釈

Q. 職場の人間関係を良くするには？

ギブ＆テイク

⬇

これまでに自分が上司や先輩からされてうれしかったことを、後輩にも同じようにしてあげると良さそうです。ためになるスキルやノウハウなどを後輩にも伝えていきましょう。

ペンタクルの 7

≈SEVEN OF PENTACLES≈

KEY WORD

希望と忍耐／種まき／
努力の継続

収穫までの忍耐

ペンタクルの実がなっているにもかかわらず、男性は不満そうです。種まきは完了しているものの、**収穫まではタイムラグがある**ようです。それまでは手入れを続ける忍耐が求められています。しかし、**種まき自体は成功している**ので心配いりません。**一時的な停滞**を感じるかもしれませんが、水面下では状況がちゃんと動いています。

INTERPRETATION たとえばこんなふうに解釈

Q.子どもの成績を上げるには？

希望と忍耐

お子さんは成績アップに向けて正しい努力をしています。今は学習の基礎を築いている時期であり、もう少し忍耐が必要です。必ず芽が出る日はくるので焦らずに待ちましょう。

ペンタクルの 8

≈EIGHT OF PENTACLES≈

KEY WORD

職人／地道にコツコツ

いぶし銀の技を持つ職人

ひとり黙々とペンタクルを作っている職人さんがいます。壁いっぱいにペンタクルがあるにもかかわらず、まだ作り続けています。**クオリティの高い作品をコンスタントに作る**様子からは、いぶし銀のような雰囲気が漂います。このカードが出た時は**手がけているもののクオリティにお墨付き**が出ています。その調子でがんばりましょう。

INTERPRETATION たとえばこんなふうに解釈

Q.新しい出会いをつくるには？

職人

新しい出会いのきっかけをコツコツとつくりましょう。結婚相談所に登録をする、友達に紹介を依頼するなど、地道な努力の継続が良い出会いへとつながりそうです。

ペンタクルの
9
≡NINE OF PENTACLES≡

KEY WORD

経済的な自立・独立

独力でつかんだ豊かさ

女性がペンタクルと葡萄が実った自然の中に立っています。左下にカタツムリがいることから、彼女が手にした豊かさは**これまでの地道な努力の結果**のよう。**シングルを象徴**するカードでもあり、**自力で築き上げたラグジュアリーな暮らし**に満足しています。手にした豊かさを味わいながら、充実したひとり時間を楽しみましょう。

INTERPRETATION たとえばこんなふうに解釈

Q.起業する上でのアドバイスを！

経済的な自立・独立

⬇

自分の力で一本立ちできるくらいの稼ぎが期待できます。また、フリーランスや起業家など、自分と似たような立場の人と付き合うことで、新たな世界がひらけそうです。

ペンタクルの
10
≡TEN OF PENTACLES≡

KEY WORD

豊かな家族／
豊かさからくる安定／
成功／達成

理想的な豊かさ

カードのすみずみまでモノが描かれており、**豊かさがギュッと凝縮**されたような1枚です。「カップの10」には感情的な結び付きが強い家族が描かれているのに対し、「ペンタクルの10」の家族は、**物質的な豊かさ**により、恵まれている印象です。家族に限らず、**経済的な安定、理想的な豊かさや成功**といった読み方もできます。

INTERPRETATION たとえばこんなふうに解釈

Q.結婚に意欲的になるには？

豊かな家族

⬇

自分の家族や幸せそうな友達家族に会うことで本心が見えてきそう。「家族っていいな」と思うのか「自分はひとりの方が気楽」と感じるかで方向性を決めると良さそうです。

PAGE OF PENTACLES.

ペンタクルの**ペイジ**
= PAGE OF PENTACLES =

学び／仕事や経済面でのお知らせ

豊かさをもたらす学び

学びの再スタートというメッセージが出ています。**学校に入り直したり、興味があるテーマのセミナーを受けたり**することで道がひらけそうです。学び以外では**仕事や経済面でのお知らせ**という意味合いもあります。人物として読むと、探求心が人一倍強く、学ぶことが好きなタイプのようです。**新しいことに挑戦したい気持ちが強い**ことから、**転職**のニュアンスもあります。

👁 **絵を観察すると？** 　少年が両手で掲げたペンタクルを見つめています。探求心がある彼は、学びこそが最大の財産であることを知っています。背景にある耕された畑は、彼にまだ伸び代があることを表現。高い山は、学ぶことで高みに上がろうとする彼のモチベーションを表します。

INTERPRETATION 　たとえばこんなふうに解釈

Q.1 なぜこの人と出会ったの？

学び

↓

その人とは何らかの学びを得るために出会ったようです。どういう学びなのかは、補助カード引いて確認してみましょう。

Q.2 スプレッドの「アドバイス」にこのカードが出たら…。

学び

↓

以前から勉強したいと思っていたことを始めてみるといい時です。言語が好きな人なら新たな外国語を学び始めるなど、興味のあることから始めてみましょう。

ペンタクルの **ナイト**

≑ KNIGHT OF PENTACLES ≑

スロースターター／慎重／継続

石橋を叩くしっかり者

ナイトの中で一番のスロースターターである反面、**とても誠実で信頼できる**人です。彼の行動が遅いのはボーッとしているからではなく、**何通りも計画を立てて準備を整えている**からです。かなりの慎重派ですが、しっかりと考えてから行動するので、**一度動き出したら誰よりも安定**しています。どんな困難があっても進むのをやめない、**忍耐と継続**の鬼です。

👁 絵を観察すると？

馬が直立不動で全く動いていない様子は、ものごとの動きの遅さを表しています。背景の丘が緩やかな様子から、ペンタクルのナイトが通れば山道もなだらかになるよう。かぶとや馬についている緑色のフサフサの飾りは、自然や動物が好きという読み方もできます。

INTERPRETATION　たとえばこんなふうに解釈

Q.1 デート中の相手との 関係を進展させるには？

スロースターター

↓

地道にコツコツと関係を築いていく時期のようです。ものごとの展開は遅そうですが、時間をかけて継続すること末永くで良い関係が築けそうです。

Q.2 スプレッドの「アドバイス」に このカードが出たら…。

継続

↓

長期戦を覚悟して向き合った方が良さそうです。目標達成に向けてのパターンを幾通りも想定しながら、計画的に進めていきましょう。

ペンタクルの**クイーン**

─ QUEEN OF PENTACLES ─

アットホームな癒し系

家庭的でとても豊かなカードです。自分のための贅沢を楽しみながら、人にプレゼントをしたり、ホームパーティを開催したりと**受け取る・与えるのバランスが高いレベルで取れている**タイプ。おもてなし精神に富み、**人に落ち着く空間を提供**できます。結婚生活では幸せな家庭を築けますし、仕事ではインテリアコーディネーターなどの分野で才能を発揮できます。

👁 絵を観察すると？

植物が咲き乱れる豊かな自然の中にたたずんでいます。頭上のバラは、彼女の美しさや優雅さを表現。右下のウサギは多産の象徴であり、育児能力も高そう。足元の草花が自由に生えていることから、家族に対しても過干渉にならず適度な距離を保てるタイプのようです。

INTERPRETATION たとえばこんなふうに解釈

Q.1 気になるあの人との 距離を縮めるには？

家庭的な人、おもてなし精神

↓

料理を作ってあげたり、一緒にいる時に居心地のいい雰囲気を提供したりと、おもてなしの心で家庭的な魅力を発揮すると上手くいきそうです。

Q.2 仕事でがんばってるのに 評価されないのはなぜ？

ギブ＆テイクのバランスOK

↓

自分が受け取りたいものがある時には、先に与えることが大事です。＋αの気遣いを添えるなど、これまで以上に愛を込めて仕事に取り組んで。自分で自分を褒めることも大事。

ペンタクルの **キング**
⊰ KING OF PENTACLES ⊱

KING of PENTACLES.

お金持ち／財を成す才能／
ビジネススキル

お金のエキスパート

ビジネススキルが高く、**金銭的にとても成功した人**です。社長に例えるなら、一代で会社を大きくしたやり手です。自分なりに**資産運用や投資**について学んで**大きな財を成し、なおかつそれを維持できる人**です。パートナーシップについてはとても堅実で、よほどのことがない限り浮気などの危険を冒しません。得るものと失うものを天秤にかけ、**リスクを取らないタイプ**です。

👁 絵を観察すると？　葡萄や葡萄柄の服は豊かさを象徴。奥に立派なお城があることから、かなり地位の高い人のようです。冠に花飾りをつけていることから美しいものを愛でる心が見て取れます。彼にとってお金は手段でしかなく、お金を使って人生を楽しむ方法を熟知しています。

INTERPRETATION　たとえばこんなふうに解釈

Q.1 スプレッドの「未来」に
このカードが出たら…。

財を成す才能

↓

あなたには「ペンタクルのキング」になれるポテンシャルがあるようです。資産運用など、お金について学ぶことで財を成す才能を発揮できそうです。

Q.2 デートしている相手は
どんなタイプの人？

お金持ち、ビジネススキル

↓

高いビジネススキルを持ったお金持ちのようです。だからこそ現在の地位を確立できたようですし、安心して交際を続けて良さそうです。ただしワーカホリックな一面もあるかも。

リーディング中に
起こることはすべて必然

リーディングの最中に思い浮かんだことはもちろん、たまたま起こったように感じる出来事も、すべて宇宙さんからのメッセージです。よくあるものでは以下のような解釈をしています。

- 家に配達物が届く
   → 何かプレゼントが届くかも。

- スマホが鳴る
   → 誰かから重要なメッセージが届きそう。

- 窓の外が騒々しい
   → 周囲にいろいろと言われても、めげずにがんばろう。

　宇宙さんからのメッセージは、あまりに高次のため、カードだけでは補えないことも多々あります。それらが外界の現象となって表れてくるので、ぜひリーディング中に起こる出来事にも注意を払ってみてくださいね。

PART

3

リーディングを
してみよう

友達と会話するように
気軽に楽しもう

リーディングをする時は、ルールやロジックにとらわれず、友達に相談するようなラフな気持ちで始めてみましょう。この本では、いくつかのスプレッドを紹介していますが、スプレッドを使わず、一問一答形式でカードと会話をするように1枚ずつ引くのも立派なリーディングです。はじめのうちはあまり頭で考え過ぎず、楽しむ気持ちを大切に！

リーディングは思い立った時にいつでも行えます。ただ、「体調が悪い時や気分が優れない時＝身体の循環が滞っている状態」。宇宙さんからのメッセージも受信しづらくなります。同様に眠い時や満腹状態の時も集中しづらく上手くいかない場合が多いので、できるだけ頭がクリアで体調が整っている時に行うのがオススメです。

⁓ RIE'S ADVICE ⁓

⇒ 1 ⇐
解説書より
直感を信じよう

カードから得た直感と解説書の解釈が異なる時は、「どちらが正解なんだろう？」と悩まず直感を選んでOK。直感を得る前に解説書を見てしまうと、型にはまった解釈をしてしまうので、まずは自分の直感を頼りましょう。

⇒ 2 ⇐
ベストカードは
人それぞれ

この本では私が思う「最強カード」などを紹介していますが、お気に入りのカードが見つかったなら、それを自分のベストカードにしてOK。あなたが決めた時点から、宇宙さんがその設定に基づいてカードを選んでくれます。

⇒ 3 ⇐
落ち込んでいる時は
オラクルを使おう

気分が落ち込んでいる時や焦っている時は、リーディングからメッセージを受信しづらくなります。気持ちが落ち着いてからリーディングを行うか、今の気持ちに寄り添い、慰めてくれるオラクルカードを選んで使うようにしましょう。

理想を明確にしながら
自分軸の質問をしよう

リーディングでは、質問の仕方が重要なポイントです。宇宙さんは、基本的にはあなたの理想を叶えるために必要なメッセージを送ってくれます。自分がどうしたいのか、どうなりたいのかを明確にしてからリーディングを始めましょう。そうした方が、ピンとくるメッセージを受け取りやすくなります。

たとえば「あの人は私のことをどう思ってる？」という質問は、相手の顔色をうかがうような「他人軸」的質問であり、「自分がどうしたいのか」という主体性が見えてきません。「あの人との関係を進展させるには？」といった、自分軸に引き寄せた具体的な質問を心がけましょう。

「未来は自分でつくるもの」というスタンスで向き合えば、自ずと自分軸の質問ができるようになるはずです。

── RIE'S ADVICE ──

質問を自分軸にするポイント

▶ 未来は「自分がつくるもの」という認識を持つ。

▶ 世間一般の価値観にとらわれず、自分オリジナルの理想を考える。

▶ 「どうなる？」ではなく、「どうなりたいか」を基準にたずねる。

▶ 「どうすればいい？」ではなく、「どうしたいか」を基準にたずねる。

▶ 「あの人は〜」ではなく「私は〜」を主語にする。

質問の仕方
NG & 👍OK実例

慣れるまでは、つい他人軸の質問になりがち
です。少し意識を変えることで自分軸の質問
にできるので、参考にしてみてください。

自分の未来について

 転職先でも上手く
やれるか知りたい。

NG → 私は転職先でもちゃんと
やっていけますか？

OK → 転職先でも充実した仕事が
できるように、心がけると
良いことは？

 今の夢を追いかけ続けようか
やめようか悩んでいる。

NG → 今の夢を追いかけ続けても
いいですか？

OK → 夢を叶えるために
必要なことやアドバイスは？

対人関係について

 友達と気まずいムード。
相手がどう思っているか
気になる。

NG → 友達は私のことを
どう思っていますか？

OK → 友達と仲直りするために
私にできることは？

悩み あたりがキツイ上司との
関係をどうにかしたい。

NG → どうしたら上司のあたりが
キツくなりますか？

OK → 気持ちを切り替えるのに
いい方法や、私にできる
対策は？

恋愛について

悩み 片思いをしている
相手の気持ちが気になる。

NG → 相手は私を
どう思っていますか？

OK → 相手とより親しくなるための
アドバイスをください。

 今後、出会いが
あるか知りたい。

NG → この先、素敵な人と
出会えますか？

OK → この先、素敵な人と
出会うために私に
できることは何ですか？

仕事・お金について

悩み ビジネスで成功するか
知りたい。

NG → 私は今の仕事で
成功できますか？

OK → 今の仕事で成功するために
私にできることは何ですか？

 投資が上手くいくか
知りたい。

NG → 投資を始めたら
上手くいきますか？

OK → 投資を成功させるための
アドバイスをください。

 家を買うのが
○か×か知りたい。

NG → 家を買っても
大丈夫ですか？

OK → 家を買いたいので
そのためのアドバイスを
ください。

シャッフルの仕方＆
カードの引き方

　質問を決めたらカードをシャッフルしましょう。やり方に特に決まりは
ありません。タロットやオラクルはカードが大きいため「ジャパニーズヒ
ンズーシャッフルが難しい」という人は、他の方法から自分に合ったもの
を見つけてくださいね。

① ジャパニーズヒンズー シャッフル

片手にカードの山を持
ち、もう片方の手で切
り混ぜます。トランプ
を切る時と同じです。
カードの持ち方は縦・
横どちらでもOK。

② ウォッシュシャッフル

カードの裏面を上にし
た状態で広げ、両手で
混ぜ合わせた後、再び
ひとまとめに。混ぜ方
に特に決まりはないの
で好きな方向に回して。

③ カット

カードを３つ以上の山
に分けます。その後、
好きな順番に入れ替え
て再びひとまとめにし
ます。

④ 横一列に並べる

横一列にカードを並べ、
好きなところからカー
ドを抜き取ります。

RIE'S ADVICE

飛び出すカードにも意味がある

シャッフルの最中に束から飛び出したカードをジャンピングカードと言います。１、
２枚であれば、宇宙さんが「ぜひ伝えたい」というメッセージなのでピックアップし
ましょう。５〜10枚など大量に出てしまった時は、一度戻してから引き直します。
出るべきカードは戻しても出てくるので、あまり神経質に考えなくても大丈夫ですよ。

スプレッドを決めよう

　カードを並べる配置のことをスプレッドと言います。形や枚数は、その
スプレッドを作成した人が定めたものであり、スプレッドごとにさまざま
です。必ずしも厳密に従う必要はありませんが、リーディングがしやすい
設計になっています。使用するカードは、タロットとオラクルのどちらを
メインにしてもOK。スプレッドごとに得意な質問があるので、使いこなす
ことでさまざまな質問に対応できるようになります。オリジナルのスプレ
ッドも紹介しているので、ぜひ試してみてくださいね。

TIPS 1 デッキの一番下、ボトムも参考に

スプレッドを並べ終えた後、残ったデッキ
の山の一番下にあるカードをボトムと言い、
＋αのメッセージやまとめのメッセージと
して解釈することができます。特にリーデ
ィングの結果にピンとこない時には、ボト
ムを参考にすると解釈のヒントが得られる
ことも。毎回、確認する必要はないので、
必要に応じて自由に活用しましょう。

TIPS 2 解釈に迷ったら補助カードを活用

出てきたカードからメッセージを上手く読
み取れない時や、「死神」や「悪魔」など
のネガティブな印象のカードが出た時には
「補助カード」として、もう1枚カードを
引いてみましょう。読み取りにくいカード
がどういったニュアンスで出たのかを確認
することができ、宇宙さんからのメッセー
ジをより正確に受け取れます。

TIPS 3 わからない時は無理をしない

どうしても解釈がわからなくなることはあ
ります。そんな時はやれるところまで終え
て、写真やメモに記録しておくと良いでし
ょう。途中でストレスを感じるなど、無理
をしてまで続ける必要はありません。日を
置いて見直した時に、ピンとくるメッセー
ジが受け取れることも。また記録だけして
おいて、後日イチからやり直すのもOK。

TIPS 4 慣れるまでは大アルカナだけでも

タロットカードを使うにあたって、ビギナ
ーさんから「小アルカナの解釈が難しい」
という声を聞くことがあります。そういう
場合は、小アルカナを外し、大アルカナの
カードだけを用いてリーディングをするこ
とも可能です。タロットカードに慣れてき
たら小アルカナをスートごとに投入するな
ど、自分のペースで調整しましょう。

ワンオラクル
≈ONE ORACLE≈

一問一答形式でシンプルに

ひとつの質問に対し1枚のカードを引いていきます。
最もシンプルかつ奥深いスプレッドです。カードを
じっくり観察し、メッセージを読み取りましょう。

アドバイスや悩みの根本、現在の
状況など、ほしい答えに合わせて
カードの意味を自由に当てはめる
ことができます。

適した質問

▶ 今日／今週／今月を楽しく
　過ごすためのアドバイス

▶ 充実した会議にするためのアドバイス

▶ 今の私に必要なこと

▶ 相手と上手く付き合うには　など

スリーカード
≈THREE CARD≈

根本　　　　現状　　　アドバイス

少ないカードで問題解決！

問題解決や悩みの原因究明などに適したス
プレッドです。どんな質問にも気軽に幅広
く使えるので、ビギナーさんにもオススメ。

質問に対して、①問題の根本、②あな
たが置かれている現状、③問題解決の
ためのアドバイスが示され、3枚の流
れで読み解けます。

適した質問

▶ ケンカした友達と仲直り
　するためのアドバイス

▶ 理想的な人と出会うためのアドバイス

▶ もっと豊かになるためのアドバイス

▶ 健康改善のためにできること　など

チョイススプレッド
⇒CHOICE⇐

選択肢を客観視し、決断のヒントを

2つの選択肢で迷っている時、それぞれにどんな利点があるかを教えてくれます。カードをシャッフルする時に心の中で選択肢をあらかじめ想定しておきましょう。それぞれの利点やアドバイスを客観的に観察することで、決断のヒントが得られます。

適した質問

▶ 会社に留まるか転職するか、それぞれの利点とアドバイス

▶ A社に就職するかB社に就職するか、それぞれの利点とアドアイス

▶ 買い物をするかしない（延期）か、それぞれの利点とアドバイス

▶ Aさんを選ぶかBさんを選ぶか、それぞれの利点とアドバイス　など

Aを選んだ
時の
アドバイス

Aを選んだ
時の利点

現状

Bを選んだ
時の利点

Bを選んだ
時の
アドバイス

AとB、2つの選択肢に対し、①現状、②④それぞれを選んだ時の利点、③⑤それぞれを選んだ時のアドバイスを教えてもらえます。

インタビュースプレッド
⇒INTERVIEW⇐

ペットさんやモノと
コミュニケーション！

新しく自分のもとに迎え入れるものについて、お互いが受け取るもの・与えるものを教えてくれます。ペットのような動物たちの他、石や花など何にでも使えます。もちろん、タロットやオラクルなどのカードを購入した際に試してみるのもオススメです。

適した質問

▶ これから飼う猫について

▶ 新しく買った
　タロットカードについて

▶ 友達からもらった
　プレゼントについて　など

なぜ私のところに
来てくれたのですか？

私の第一印象は？

私はあなたから
何をもらえますか？

私があなたにして
あげられることは
何ですか？

①自分とどんなご縁があるのか、②自分は相手にどういう印象を持たれているのかを知ることは、今後の向き合い方のヒントにつながります。

水星逆行スプレッド
⇒MERCURY RETROGRADE⇐

星が司る分野の
振り返りと学び

惑星が逆行している時は、その星が司るジャンル
について振り返って学ぶ期間であると言われていま
す。水星はコミュニケーションを司る星なので、
コミュニケーションのズレや交通機関の乱れ、機
械の故障などが起こりやすくなります。一方で懐
かしい人との再会もよくあります。加えて、逆行
中は人生の見直しの時期とも言えます。もちろん、
他の惑星でも同様にできるので試してみてくださ
いね。

惑星の逆行って？

実際に惑星が逆走しているわけではなく、
地球から見ると「逆行しているように見
える」という現象です。地球も他の惑星
も太陽の周りを回っているため、一方が
一方を追い抜いた時や、公転周期の違い
などにより起こります。

⸺ RIE'S ADVICE ⸺

その他の惑星の逆行では？

金星は「愛情」、火星は「野心や仕事」、
木星は「拡大・拡張」、土星は「制限・
学び」についてのリーディングができ
ます。

振り返るべき
課題

今回の
水星逆行の
テーマ

②をどうクリア
するか

水星からの
メッセージ

カーディナル・サイクルスプレッド
=CARDINAL CYCLE=

季節ごとの
テーマやアドバイス

季節の節目ごとに楽しめるスプレッドです。「春分」「夏至」「秋分」「冬至」に向け、それぞれのテーマやアドバイスが受け取れます。各季節のはじめにどんな心持ちで向き合うと良いかや、その季節に得られるものがわかります。それぞれテーマが異なるので、違いを楽しみながらチャレンジしましょう。

―― RIE'S ADVICE ――

季節感のあるカードを使おう

それぞれ季節感のあるカードを使うと、より気分が上がるのでオススメ。春ならフラワー系、夏ならマーメイド系、秋なら豊かさをもたらすのが得意な妖精系、冬なら地球に近いアニマル系のカードなど、気分に合わせて使ってみて。

今回（春分／夏至／
秋分／冬至）のテーマ

次の季節に
つなげるには？

春分：最も成長が期待
　　　できること
夏至：最も輝けそうな
　　　こと
秋分：最も収穫が得ら
　　　れそうなこと
冬至：蓄えるのに最も
　　　良いもの

今回（春分／夏至／
秋分／冬至）のメッセージ

②を達成するための
アドバイス

ケルト十字
≈CELTIC CROSS≈

現状や問題を
とことん深掘り

今、自分が置かれている状況や直面している問題などについて、とことん深掘りしたい時にぴったりのスプレッドです。人生の夢や目標、使命といった壮大なテーマについても、過去・現在・近未来と細分化して見ていくことで、今の自分に必要なものや、今後の方向性が見えてきます。

こんな時にオススメ

▶ 問題を深掘りしたい

▶ とことん内観したい

▶ 今の人生の方向性が、
　自分にとってベストか確認したい

▶ 自分の使命を知りたい／
　見直したい

▶ 大きな夢や目標を叶えるための
　アドバイスがほしい

 現在

期待できる
未来

アドバイス／
忠告

過去

今の私の
状況

近未来

周り／
相手の
エネルギー

この状況に
おける
ブロック／
希望

メッセージが細かく
わかれているので、
気になるカードを中
心に読み解いていき
ましょう。

この状況に
至った
根本原因

私の
エネルギー

宇宙さんからの通信簿スプレッド

⟞UNIVERSAL REPORT-CARD⟝

1年を振り返り、
自分を褒めよう

1年の終わりに、今年の自分を振り返るスプレッドです。宇宙さんから褒めてもらうためのスプレッドとも言えます（笑）。ポジティブなカードが出たところは、今年の行いを褒められていると捉えてOK。自分自身をねぎらうことにつながりますし、今年の成果を自信につなげることで精神的な自立を促せるのでオススメです。

こんな時にオススメ

▶ 1年の振り返りをしたい

▶ 今年の自分を
　褒めてあげたい

▶ 来年に向けて
　自分の課題を知りたい

▶ 来年に向けての
　抱負を固めたい

今年の総評

仕事面

恋愛
（人間関係）面

健康面　　　　精神面

来年に向けての
メッセージ

①今年の総評や、⑥来年に向けてのメッセージなど、ポイントとなる部分に追加でオラクルカードを引くのもオススメです。

年間スプレッド
⤞ANNUAL⤝

新しい1年に向けた
アドバイスを

新しい1年についてのアドバイスをもらうスプレッドです。どういう1年にしたいのかを心の中でイメージし、「理想を叶える1年にするには？」などと質問しながら行うと、より具体的なリーディングになります。自分の目標や願いごとを達成するための道筋を1年の流れの中で見ていきましょう。

中央に今年のテーマとなるオラクルカードを配置。それを取り
囲むように時計回りで1月から12月まで置いていきます。

スプレッドQ&A

ポジティブな位置に ネガティブな カードが出たら？

ポジティブに読み取ってOK

それぞれのカードのポジティブなメッセージに焦点を当てましょう。たとえば、スプレッドの「未来」に「塔」のカードが出たら、「新しい土台」「リニューアル」といった解釈ができます。PART2ではネガティブ系カードの解説に、ポジティブな位置で出た場合の解釈を添えているので参考にしてください。

スプレッドから意味が 読み取れない時は？

ボトムや補助カードを活用

スプレッドの最後にネガティブなカードが出た時など、メッセージが上手く読み取れない時には、まだ情報が完結していない可能性が高いので、ボトム（P.128）を見るか、補助カードを引いてみましょう。補助カードは、タロットカード、オラクルカードのどちらでもいいです。迷った時は、それぞれのデッキに手をかざしてみて、温かみを感じた方を選びましょう。

並べたカードを めくるタイミングは？

読みやすいタイミングで

特に決まりはないので、自分の好きなタイミングでいいと思います。私は情報過多にならないよう、1枚ずつリーディングを行うため、必然的に順番通りにカードをめくっていきます。1枚めくってもピンとこない時は、早めに次のカードをめくり、全部開いた後に全体を見直すなど、その時々で調整しています。

どのスプレッドでも同じ カードばかり出る時は？

ストーカーカードの可能性!?

違うデッキやスプレッドを使っても同じカードが繰り返し現れる時は、宇宙さんからの強調サイン。ストーカーカードとも呼ばれ、メッセージを理解しきれていない時や、同じ学びのテーマが続いている時によく起こる現象です。一度、カードの意味とじっくり向き合ってみて。また、カードが疲れている可能性もあるので、休ませてあげるのも良いでしょう。

#3

ASSIST THE LAW OF ATTRACTION WITH YOUR CARDS

タロット&オラクル
引き寄せレシピ

ポジティブなカードは、引き寄せツールとしても使うことができます。カードの意味を理解した上で、引き寄せたい内容のカードを部屋に飾ることで、理想の未来の実現をサポート！

● 素敵な人と出会いたい

- カップの2
- カップのエース
- loveなどのキーワードが入った「愛／パートナー系」オラクルカード

● 結婚したい

- 教皇
- ワンドの4
- カップの9
- marriageなどのキーワードが入った「結婚系」オラクルカード

● 子どもがほしい

- 女帝
- カップの9
- カップのペイジ
- fertility / child / believeなどのキーワードが入った「妊娠／子ども系」オラクルカード

● お金を引き寄せたい

- ペンタクルのエース
- ペンタクルの10 ／ ペンタクルの9 ／ ペンタクルのキング（理想に合わせて）
- abundanceなどのキーワードが入った「お金系」オラクルカード（本物のお金を飾っても◎）

● 友達と仲直りしたい

- 星
- カップの3
- friendship / forgivenessなどのキーワードが入った「友達／許し系」オラクルカード

● 使命を見つけたい

- 愚者
- 太陽
- ワンドのエース
- カップのエース
- life purpose / path などのキーワードが入った「使命系」「道系」オラクルカード

PART

4

リーディング力を
アップさせよう

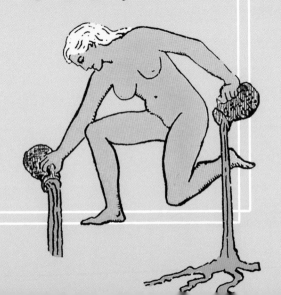

リーディングが
もっとおもしろくなる
5つのポイント

タロットカードには王道の解釈がありますが、自分なりに意味やイメージを派生させられると、リーディングのおもしろさがより深まります。ここでは、私がカードから受け取ったイメージをもとに作成した人物カードのペアや、ジャンル別のランキングを紹介します。ペアについては、「人物カードの読み方が難しい」という声をよく聞くため、人物をキャラクター化してみました。それぞれの人物に親しみを持ってもらえるきっかけになればうれしいです。ここで紹介するのはあくまで解釈の一部ですので、ここからさらに独自の意味やイメージを膨らませてみてくださいね。

POINT 1

注目したいペアカード

人物カードのペアを紹介します。キャラクターをイメージすることで、人物への親近感やイメージがわきます。

POINT 2

ジャンル別
カードランキング

「クリエイティブ」「ラブラブ」など、それぞれのジャンルを代表するカード、ベスト3を紹介します。

POINT 3

スプレッド全体を
読み解くコツ

並び順や人物カードの顔の向きを手がかりに、カード同士のつながりや一連の流れを読み解くコツを紹介します。

POINT 4

色や数字からのメッセージ

カードの色や数字も、解釈の重要なヒントに。チャクラの色やエンジェルナンバーとリンクさせて読み解きましょう。

POINT 5

タロットとオラクルを
あわせて読む

タロットとオラクルをあわせて使うことで、情報を補完したり違う角度からメッセージを受け取れたりと、リーディングの幅が広がります。

注目したいペアカード

キャラクターの性別は、生物学的なものを表しているわけではなく、女性性・男性性の象徴として読み解きます。パートナーシップのリーディングでペアがそろったら、とても縁が深いソウルメイトである可能性大。また、仕事やその他の人間関係でペアがそろった時は、阿吽の呼吸で馬が合う関係性である場合もあります。どんな化学反応が起きるかは、スートの個性に注目を。

女帝×皇帝

 ×

大アルカナという強いカードのカップルであり、5組の中で最もソウルメイトとしてのつながりが強い最強ペアのイメージです。この2枚がペアで出た時にはテンションが上がります（笑）。

ワンドのクイーン×キング

 ×

最も情熱的で奔放なペア。両者ともにカリスマ性や色気、才能にあふれ、お互いに自立した束縛のない関係です。ケンカをすると激しそうですが、翌日にはふたりともケロッとしています。

カップのクイーン×キング

 ×

非常に愛情深い者同士のしっとりとしたペア。お互いのすべてを許し、受け入れ合っています。愛情にあふれた家庭をつくり、どんなことがあっても最後まで添い遂げるイメージです。子どものびのびと育つでしょう。

ソードのクイーン×キング

 ×

クイーンに「シングル」のニュアンスがあり、少し特殊なペア。しかし両者とも非常に頭が良く、お互いを理解し尊重し合っています。離婚や別居婚などで距離が離れても、それを超越したところでつながっています。

ペンタクルのクイーン×キング

 ×

温かく、経済的にも豊かな家庭を築きます。ふたりとも変化を好まず堅実なため、子どもを育てるのに理想的です。ただしお互い根に持つタイプなため、過去のいさかいが熟年離婚に発展する場合もあるかも。

ジャンル別カードランキング

各ジャンルを代表するカードをランキング形式で紹介。このカードが出たら、宇宙さんからその分野についてお墨付きをもらった証拠です。

2　1　3

CREATIVE
クリエイティブランキング

何かを創造できる時。ものづくりの才能について後押しされています。

1位

● ペンタクルの3

アート・芸術を象徴し、この分野の才能があることを示します。チームワークを勧めるカードでもあり、「人と協力することで、レベルの高いものづくりができますよ！」と激励されています。

2位

● 女帝

あらゆる意味で豊穣を意味するカード。創造力や表現力の象徴でもあります。エンプレスは妊娠しているとも言われているので、子どもを「つくる」という意味でもまさにクリエイティブと言えます。

3位

● ペンタクルの8

職人さんのカードです。クリエイティブであることは当たり前。クオリティの高い仕事を毎日コツコツとコンスタントにこなしていく、ストイックな職人さんというイメージです。

LOVE ラブラブランキング

意外にも「恋人」のカードが１位ではありません。

1位 ● カップの２

ソウルメイトのカードです。ロマンスを象徴し、パートナーシップについて質問した時にこのカードが出たら、ふたりの関係は安泰と言えます。

2位 ● カップのエース

「新たな出会い」などの意味があります。相手はまだはっきりしていない状況ですが、その分、トキメキ度は高いです。出会いを求めている人には朗報のカードです。関係の進展も示唆します。

3位 ● 恋人

ラブ・ロマンスといったニュアンス以上に、「選択」という意味合いが強いカード。今の相手との関係性や付き合い方のアドバイスをたずねてこのカードが出たら突き進んで大丈夫。

SPEED スピードランキング

カードごとに、ものごとの実現までの速さを表しています。

1位 ● ソードのナイト

私の中で、ぶっちぎりでスピードが速いイメージのカードです。とにかく速い！その一言に尽きます。

2位 ● 戦車

ソードのナイトが速過ぎるため惜しくも２位になりましたが、戦車も十分に速いカード。「努力の末の成功や勝利」を表し、達成までの時間が短いことを示唆します。

3位 ● ワンドの８

絵を見てもワンドが宙を切っているようで、スピード感があります。「スピード」以外にも「好きなことで忙しい」「コミュニケーション」といったキーワードがあります。

スプレッド全体を読み解くコツ

複数枚のカードを用いるスプレッドの場合、それぞれのカードからメッセージを受信するだけでなく、カード同士の関連性から意味を読み取ることもできます。人物カードの顔の向きに注目したり、カードを連続して読んだりすることで、解釈の幅を広げましょう。新たな発見やストーリーが見えてくると、一層リーディングを楽しめるようになります。右のリーディング例を参考にしながらぜひチャレンジしてみてください！

人物の視線の先に注目

コツ**1**

人物カードの場合、顔や視線、体の方向に注目を。「見つめ合っている」「隣のカードを指さしている」など、その先にあるカードとのつながりをイメージし、解釈を広げましょう。

ストーリーの流れを読む

コツ**2**

たとえばカップのエースと10が順に出た場合、「ワクワクする出会いからの結婚」など、そのスートの物語の始まりとゴールと捉えられます。スピードの意味合いを加えるカードにも注目しましょう。

カードの顔ぶれをチェック

コツ**3**

「あるスートがたくさん出る」「人物カードばかり出る」など、カードの種類にも注目を。大アルカナが多ければ「メッセージの重要度が高い」と解釈することもできます。

MAJOR ARCANA

スプレッド ▶ **年間スプレッド**

質問 ▶ **今年を充実した年にするには？**

今年のテーマは
オラクルで引いてみた！

使用したオラクルカード ▶ Sacred Destiny Oracle（セイクレッドデスティニーオラクル）

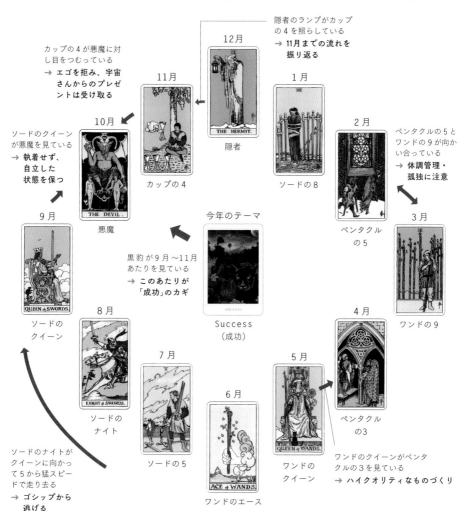

隠者のランプがカップ
の4を照らしている
→ **11月までの流れを
振り返る**

カップの4が悪魔に対
し目をつむっている
→ **エゴを拒み、宇宙
さんからのプレゼ
ントは受け取る**

ソードのクイーン
が悪魔を見ている
→ **執着せず、
自立した
状態を保つ**

ペンタクルの5と
ワンドの9が向かい
合っている
→ **体調管理・
孤独に注意**

黒豹が9月〜11月
あたりを見ている
→ **このあたりが
「成功」のカギ**

12月 隠者

11月 カップの4

1月 ソードの8

2月 ペンタクル
の5

3月 ワンドの9

10月 悪魔

今年のテーマ
Success
（成功）

9月 ソードの
クイーン

8月 ソードの
ナイト

7月 ソードの5

6月 ワンドのエース

5月 ワンドの
クイーン

4月 ペンタクル
の3

ソードのナイトが
クイーンに向かっ
て5から猛スピー
ドで走り去る
→ **ゴシップから
逃げる**

ワンドのクイーンがペンタ
クルの3を見ている
→ **ハイクオリティなものづくり**

ゴシップを無視し、クリエイティブに邁進

5月の「ワンドのクイーン」が「ペンタクルの3」を見ていることから、人と協力する
ことで素晴らしいものづくりを成し遂げ、クイーンへと成長できそう。7月のゴシップ
や陰口を表す「ソードの5」から8月の「ソードのナイト」が猛スピードで走り去る様
子から、「ゴシップには一切タッチしないで」というアドバイスが強調されています。

色や数字からのメッセージ

カードの色や数字からも、宇宙さんからのさまざまなメッセージを受け取ること
ができます。そこからどのようなキーワードが導き出せるのか、りえ流の解釈を
紹介します。それぞれの意味を知ることで、「キーワードが思い浮かばない」「注
目するポイントがわからない」時のヒントにしてください。

COLOR

気になった色をチャクラで読み解く

身体の隠れたパワーを司るエネルギーポイントのことをチャクラと
言います。身体の中心に沿って並んでいるチャクラを「7大チャク
ラ」と言い、それぞれを象徴する色やパワーがあります。

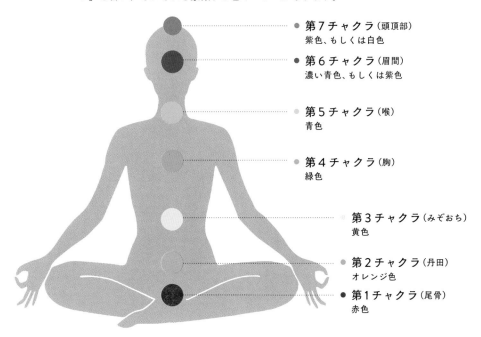

● **第7チャクラ**（頭頂部）
紫色、もしくは白色

● **第6チャクラ**（眉間）
濃い青色、もしくは紫色

● **第5チャクラ**（喉）
青色

● **第4チャクラ**（胸）
緑色

● **第3チャクラ**（みぞおち）
黄色

● **第2チャクラ**（丹田）
オレンジ色

● **第1チャクラ**（尾骨）
赤色

● 第1チャクラ
ルートチャクラ

地球とつながるチャクラで、生命の根本に関わるエネルギーを司ります。生きる上での基礎基盤をつくり、調子が良いと行動力や情熱がわき、願望を現実化しやすくなります。反対に不調だと、疲れやすく無気力に。

● 第2チャクラ
セイクラルチャクラ

セクシャリティと創造力を司ります。感情も担当していて、調子が良いと楽しむ・喜ぶといった能力が上がり、美意識や開放感、華やかさが増します。不調だと創造力が欠如し、オリジナリティが乏しくなる他、感情が不安定に。

● 第3チャクラ
ソーラー・プレクサスチャクラ

知性や自信、意志、パワーなどを司るチャクラです。順調だと知的好奇心や探求心が旺盛になり、新しいアイデアがひらめきやすくなります。明るさや元気が増し、集団の中で個性を発揮して輝けるようになります。

● 第4チャクラ
ハートチャクラ

愛、慈愛、慈悲の他、インナーチャイルドを担当。7大チャクラの中心であり、精神と物質の中継地点とも言えます。順調だと自己愛や博愛の精神が豊かに。自分で自分を満たせるようになるため、自立のカギを握る場所です。

● 第5チャクラ
スロートチャクラ

表現力やコミュニケーション力、言葉などを管轄します。自己表現力や芸術性にも関連してくるため、歌、ダンス、アートなどの能力を司ります。調子が良いと表現力が高くなりますが、不調だと自分を表現できない状況に。

● 第6チャクラ
サードアイチャクラ

真実を見分ける目、第六感を担当します。ものごとの表面的な部分だけでなく、本質を見抜く直感力を司ります。ここが発達していると、虫の知らせなどの予知能力が高まります。

● 第7チャクラ
クラウンチャクラ

宇宙さんとつながるチャクラです。宇宙さんからひらめきやヒントを受信し、魂のレベルを上げる役割を果たします。理想の自分を目指し、使命を果たそうと努力することでレベルが自然と上がっていきます。

NUMBER エンジェルナンバーって?

1
思考の現実化が早まっているのでポジティブに!

2
信じる勇気。望みを捨てず、必ず叶うと信じ続けて。

3
人間としての経験もある高次元の存在、アセンデッドマスターの象徴。

4
天使さんがそばにいるサイン。4が連なるほど祝福を受けている証。

5
変化のお知らせ。良い方向に導かれていると信じて受け入れて。

6
物質面に関する恐れを手放すことを意識しよう。

7
正しい道を歩んでいることを示すGOサイン。

8
お金や仕事、恵みをもたらす人間関係など、経済的な豊かさのサイン。

9
使命の数字。使命を果たすことを促されているサイン。

10
ものごとの完了。「0」は宇宙さんそのものを表す。

天使さんがメッセージとして送ってくれる数字をエンジェルナンバーと言います。2桁以降の数字は、各数字の意味を掛け合わせたり、数字同士を足したりしながら読み解きましょう。ゾロ目はその数字のメッセージの強調です。

タロットとオラクルをあわせて読む

オラクルにはタロットに存在しない語彙がたくさんあるため、あわせて使うことで、タロットだけでは表現し切れない言葉を補うことができます。ここでは質問のテーマ別にぴったりのタロット＆オラクルの組み合わせを紹介。一緒に使うことで、解釈の幅を広げていきましょう。

＼ タロットと一緒に使いたい ／ オススメのオラクルカード

友達と仲直りするための アドバイスがほしい

人間関係は地球特有の問題なので、地球に根差した存在や、人生の先輩にアドバイスを求めると良いでしょう。

> タロット
>
> ＋
>
> 動物・鉱物・先祖系オラクル

（左から）The spirit animal oracle（スピリットアニマルオラクル）/Daily Crystal Inspiration（デイリークリスタルインスピレーション）/Angels and Ancestors oracle cards（エンジェルズ＆アンセスターズオラクルカード）など

理想的な人と出会うための アドバイスがほしい

より高次な存在を頼りましょう。自分の波動を相乗効果で高めてくれる相手を引き寄せてくれるようにお願いを。

> タロット
>
> ＋
>
> 天使・女神・妖精系オラクル

（左から）Angel Prayers Oracle Cards（エンジェルプレイヤーオラクルカード）/Goddess Power Oracle（女神のパワーオラクル）など

ＡかＢか迷い中。それぞれの
利点とアドバイスがほしい

地に足を着けた現実的な決断をサポートしてくれるのは地球寄りのカード。地球に根差して暮らす妖精さんカードも◎。

タロット
+
自然・鉱物系オラクル

（左から）Sacred Destiny Oracle（セイクレッドデスティニーオラクル）/Daily Crystal Inspiration（デイリークリスタルインスピレーション）/Spellcasting oracle cards（スペルキャスティングオラクルカード）など

今の人生の方向性が、
自分にとってベストか確認したい

高い場所から俯瞰し、観察してもらった情報をもらえるよう、地球よりも高い視点を持つ天使さんや、経験豊富なご先祖様に頼って。

タロット
+
先祖・天使系オラクル

（左から）Angels and Ancestors oracle cards（エンジェルズ＆アンセスターズオラクルカード）/Angel Prayers Oracle Cards（エンジェルプレイヤーオラクルカード）など

人生の使命を知りたい、
または見直したい

人間の視野には入りづらい大きなテーマなので、宇宙さんや神様寄りの波動の高い存在に聞いてみましょう。

タロット
+
宇宙・神様系オラクル

（左から）Work your light oracle cards（ワークユアライトオラクルカード）/ Goddess power Oracle（女神のパワーオラクル）など

夢や目標を叶えるための
アドバイスがほしい

夢のビジョンを高い所から下ろし、地球に確立する＝現実化することが得意な妖精さんを中心に、地球寄りのカードにたずねて。

タロット
+
妖精・豊かさ系オラクル

（左から）Daily Crystal Inspiration（デイリークリスタルインスピレーション）/Angels and Ancestors oracle cards（エンジェルズ＆アンセスターズオラクルカード）など

天使さん的な存在も地球的な存在もいるのでバランス◎。

149

Example

実例で学ぶリーディング

自分のことはもちろん、友達など他者のことについてもリーディングすることができます。それぞれ行う時のコツや気をつけるポイントをチェックしましょう。

自分を見る時の注意点

リーディングで一番難しいのは、自分自身のことを見る時だと感じます。理由は、受け取ったメッセージに対し、「そんなはずはない」「受け入れたくない」などと、エゴが働きやすいから。同様に家族や親友など、自分から距離が近い人を見るのも難しいものです。エゴが介入しやすいと感じたら、リーディング内容を文章に書き出したり録音したりしましょう。書き出すことで客観性を維持できます。メッセージに疑いの気持ちが生まれる前に、受け取ったものを全部出し切ることがコツです。

人を見る時の注意点

人を見る時は、自分の価値観でジャッジしないことが大切。たとえば離婚の相談をされた場合、「離婚はすべきではない」などの先入観があると、メッセージを正しく受け取れなくなります。ただし、リーディング中に自分の過去の経験を思い出した場合には、その時の経験と宇宙さんからのメッセージを組み合わせて解釈してOK。リーディングには少なからず行う側の人のバックグラウンドが影響しますし、参考になる経験を持っているからこそ、相談者が引き寄せられた可能性が大きいからです。

CASE 1 ワンオラクル

> タロットのみで引いてみた！

質問 → 今日を楽しく過ごすためには？

スプレッド P.129

節制

Reading

羽目を外さず、バランスを取る

受け取ることと、与えることのバランスを表すカードです。メールが来たら返信する、何かをしてもらったらお礼を言うなどを意識しましょう。特にうれしいことがあった時は、お返しをすることでエネルギーを巡らせると良さそうです。また、天使さんの足元をよく見ると、片足は水に突っ込み、もう片方の足は地面に着けたままです。水＝感情に流されて羽目を外し過ぎないよう、何ごともほどほどにしておきましょう。

> タロットとオラクル、1枚ずつ引いてみた！

CASE 2 ワンオラクル

質問 → 明日の会議で企画を通すには？

スプレッド P.129

Reading

自信を持って、創造力を発揮

ペンタクルの7

CONFIDENCE
（自信）

使用したオラクルカード
▶ Spellcasting oracle cards
（スペルキャスティングオラクルカード）

「ペンタクルの7」は「種まき」、オラクルは「自信」、2つを合わせると「しっかりと種まき＝努力してきたから、自信を持って大丈夫」というメッセージが表れます。「自信」の天使は両手を広げ、オープンな雰囲気があることから、自分のアイデアや努力の成果を外に向かって発揮できる時のようです。背景の光からも希望的な空気が伝わります。双方のカードにオレンジ色があることからも、創造力や表現力を遺憾なく発揮できそうです（P.147参照）。

スプレッド
P.129

> タロットとオラクル、1枚ずつ引いてみた！

CASE 3 スリーカード

質問 つい愚痴を言ってしまう
自分を変えるには？

① 根本

太陽

② 現状

ペンタクルの 6

chrysocolla
（クリソコラ）
START FRESH
（新たなスタート）

golden healer quartz
（ゴールデンヒーラークォーツ）
OPEN THE DOOR
（扉を開ける）

③ アドバイス

節制

aventurine
（アベンチュリン）
CREATE YOUR OWN LUCK
（自ら幸運を創造する）

使用したオラクルカード
▶ daily crystal inspiration（デイリークリスタルインスピレーション）

尊重し合える相手と
ギブ&テイクの関係を

① 根本

「太陽」が出ているので、基本的に心配はなさそう。ひょっとすると質問者さんが気にし過ぎているだけで、本当はそれほど愚痴っぽくないのかもしれません。「クリソコラ」からは「新たなスタート」というメッセージが出ており、気持ちを新たに、素直な心を指針に行動すると愚痴が減りそうです。

② 現状

「ペンタクルの6」からは「ギブ&テイク」、「ゴールデンヒーラークォーツ」からは「扉を開ける」というメッセージが届いています。良い言葉を与える・受け取るためにも新しいステージへの扉を開く時のよう。これまでは与えても、それを当たり前だと思うような人と接していたため、リスペクトのこもったギブ&テイクが成立していなかったようです。

③ アドバイス

「節制」が出ていることからも、バランスの重要性が強調されています。「アベンチュリン」の緑色はハートチャクラ（P.147）の色なので、自分を尊重してくれる相手に豊かさを分け与えれば、心が満たされるような良いものが自ずと返ってきそうです。

CASE 4 チョイススプレッド

質問 ▶ 浮気した恋人と別れるべきか（A）、
やり直すべきか（B）、迷っている。

スプレッド
P.130

③ Aを選んだ時のアドバイス

ソードの5

APHRODITE
（アフロディーテ）
ROMANTIC LOVE
（ロマンス）

⑤ Bを選んだ時のアドバイス

ワンドの4

SPIDER WOMAN
（スパイダーウーマン）
CO-CREATION
（共に創る）

② A（別れ）を選んだ時の利点

ペンタクルの
キング

HECATE
（ヘカテー）
THE IN-BETWEEN
（中間）

④ B（やり直し）を選んだ時の利点

カップの
キング

MAYA
（マヤ）
ILLUSION
（幻想）

① 現状

使用したオラクルカード
▶ Goddess Power
Oracle
（女神のパワーオラクル）

ワンドの
ペイジ

HESTIA（ヘスティア）
HOME（家庭）

154

再び向き合うことで、
幸せな家庭を築けそう

① 現状

「ワンドのペイジ」＝情熱の再燃と、「家庭」のメッセージ。まだ彼を好きという気持ちは変わらず、相談者さんは恐らく恋愛よりも結婚を望んでいるようです。

② A（別れ）を選んだ時の利点

「ペンタクルのキング」が出ているため、今の彼以外にも安定した関係を築ける相手との出会いがありそう。ただし別れを選んでもオラクルの「中間」というメッセージから気持ち的には今の彼を引きずって宙ぶらりんになる可能性が。

③ A（別れ）を選んだ時のアドバイス

マインドゲームを表す「ソードの5」が出ています。新しくできた彼の心の中を探ったり疑ったりすると行き違いが発生するので、オラクルの「ロマンス」が示す愛をもって向き合いましょう。

④ B（やり直し）を選んだ時の利点

「カップのキング」と「幻想」。質問者さんは浮気という出来事にとらわれ、彼の本心がまだ見えていないようです。彼は本来、愛情深くて誠実な人のようです。

⑤ B（やり直し）を選んだ時のアドバイス

結婚や家を表す「ワンドの4」と「共に創る」というとてもいい組み合わせ。彼ともう一度向き合うことで、素敵な家庭を築けそうです。実は①現状の「ワンドのペイジ」がしっかりと右を向いていることからも、Bを選んで良さそうだということがわかります。

 なぜ誠実なはずの彼が浮気したのかを知りたい場合は、補助カードとしてタロットカードをもう1枚引いてたずねてみましょう。

CASE 5 インタビュースプレッド

スプレッド
P.131

質問 なぜこの猫と
出会ったのでしょうか？

② 私の第一印象は？

死神　　　　TURTLE SPIRIT
　　　　　　（カメのスピリット）
　　　　　　Slow and steady
　　　　　　wins the race.
　　　　　　（ゆっくり着実に進み
　　　　　　ましょう。）

③ 私はあなたから
　 何をもらえますか？

ワンドの3　　PEACOCK SPIRIT
　　　　　　（クジャクのスピリット）
　　　　　　Let it shine!
　　　　　　（輝きましょう！）

① なぜ私のところに
　 来てくれたのですか？

ペンタクルの10　RABIT SPIRIT
　　　　　　（ウサギのスピリット）
　　　　　　Now is
　　　　　　a lucky time.
　　　　　　（今がチャンスです。）

④ 私があなたにして
　 あげられることは何ですか？

カップの4　　PORCUPINE SPIRIT
　　　　　　（ヤマアラシのスピリット）
　　　　　　Time for beginner
　　　　　　mind.
　　　　　　（初心に返りましょう。）

使用したオラクルカード
▶ The Spirit Animal Oracle（スピリットアニマルオラクル）

Reading

新たな家族ができたことで、
表現力がアップ

① なぜ私のところに来てくれたのですか？

「ペンタクルの10」と「ウサギ」。「ペンタクルの10」には犬、「ウサギ」には仔ウサギがいることから、この猫は質問者さんと家族になるべくしてやってきたことがわかります。「ペンタクルの10」は物質的な豊かさを表し、出会ったことでお互いが豊かな人生を送れることを表します。

② 私の第一印象は？

「死神」と「ゆっくり着実に進みましょう」。猫は質問者さんに対し、カメのように「地道に努力するタイプ」という印象を持っています。変化や困難があっても、同じペースで淡々と進めるたくましさを感じているようです。

③ 私はあなたから何をもらえますか？

「クジャク」の身体全体が光っていることから、自分が輝くような表現をすることを後押ししてくれるようです。「クジャク」の数字「46」を分解して足すと4＋6＝10、完了を表します。「ワンドの3」には外界に出るという意味合いがあるので、表現力を使ってこれまでの世界を完了し、新しい世界に行くことを応援してくれそうです。

④ 私があなたにしてあげられることは何ですか？

「カップの4」は受け取り下手、「ヤマアラシ」からは「初心に返りましょう」というメッセージが。はじめて出会った時のトキメキを忘れず、いつもフレッシュな気持ちで接してほしいよう。両方のカードに青色＝スロートチャクラの色が共通していることから、「常に話しかけてもらうことで、一緒に楽しく過ごしたい」という気持ちも読み取れます。

CASE 6 水星逆行スプレッド

スプレッド P.132

① 今回の水星逆行のテーマ

ワンドの7 　　COUNCIL OF LIGHT
（光の評議会）

② 振り返るべき課題

ソードの6 　　DEEP
REPLENISHMENT
（心を満たす）

③ ②をどうクリアするか

カップの2 　　THE AGE OF LIGHT
（光の時代）

④ 水星からのメッセージ

ワンドの10 　　DANCE WITH LIFE
（踊るように生きる）

使用したオラクルカード
▶ Work your light oracle cards（ワークユアライトオラクルカード）

Reading

ひとりで抱え込まず、
周りを頼ることで軽やかに

① 今回の水星逆行のテーマ

主義主張を守る「ワンドの7」とイエス様やマリア様などのアセンデッドマスターが並ぶ「光の評議会」。今回の水星逆行のテーマは自分の考えや思いをちゃんと主張することと、そのためのサポーターがたくさんいることを自覚するための期間のよう。

② 振り返るべき課題

課題は自分の領域を守り、穏やかな状態に保つこと。主義主張を貫くにはそれなりに体力が必要なので、セルフケアをしっかりとし、人から求められ過ぎたり利用されそうになったりした時にはNOと言う姿勢も必要です。

③ ②をどうクリアするか

「カップの2」から「信頼できる人にもっと頼る」、「光の時代」から「前世で鍛えてきたから大丈夫」というメッセージが。前世から今までずっと鍛えてきたことを活かし、自分の考え方や表現を自信を持ってアピールする時のようです。

④ 水星からのメッセージ

「ワンドの10」は抱え込み過ぎて飽和状態のカード。②③の内容をフォローせずにいると、こういう状態になるという可能性を示唆されています。自分の領域をきちんと守り、そこに入れた人たちに対して助けを求めればもっと力を発揮できそうです。女性が手を上げて踊っている様子からも、「ひとりで抱え込まず、人に頼ることで軽やかになりましょう」というメッセージが読み取れます。

CASE 7 カーディナル・サイクル スプレッド

スプレッド P.133

（質問）→ 冬至のメッセージは？

① 冬至のテーマ

使用したオラクルカード
▶ Angels and Ancestors oracle cards
（エンジェルズ＆アンセスターズ オラクルカード）

Shield Maiden
（盾の乙女）
Make Plans and Focus
（計画を立て、集中する）

ソードの
ナイト

⑤ 次の季節につなげるには

Mountains
（山）
Stand Your Ground
（一歩も引かない）

ソートの
ペイジ

② 蓄えるのに最も良いもの

Sage（聖人）
Be Devoted and Committed
（献身と情熱）

節制

④ 冬至のメッセージ

Shaman
（シャーマン）
Trust in Higher Forces
（高次の力を信頼する）

ワンドの5

③ ②を達成するためのアドバイス

Air Guardian
（風のガーディアン）
Shift Your Perception
（認識を変える）

ソードの
キング

(Reading)

はやる気持ちを抑え、
地道に一歩ずつ

① 冬至のテーマ

カードの人物が向き合っていることから、「考えるより行動」という「ソードのナイト」を乙女が盾で制しているように見えます。早く動き出したいナイトに対し、乙女は落ち着いて計画を立てることの大切さを伝えています。

② 蓄えるのに最も良いもの

①で立てた計画通りに献身的に取り組むことを自分自身に誓い、経験を蓄えていきましょう。その経験は、今後の人生で必ず役に立ちます。ただし「節制」が出ていることから一度にがんばり過ぎず、無理のないペースを保って。

③ ②を達成するためのアドバイス

「ソードのナイト」より成熟したキングが現れています。ナイトの「早く先に進みたい」という認識を変え、計画を立てることの重要性がここでも強調されています。よく考えてから行動することで、効率良く自分の進むべき道を見つけて。

④ 冬至のメッセージ

「ワンドの5」から、闇雲に進むと争いがありそうですが、「シャーマン」が出ていることから、宇宙さんを信頼し、地道に進むように伝えられています。今は停滞している状況かもしれませんが、なぜそうなったのか、何を学ぶべきで、何に気づく必要があるのかを探り、停滞状況からむやみに飛び出すのは止めましょう。

⑤ 次の季節につなげるには

「ソードのペイジ」は「耳が痛いお知らせ」ですが、④の内容をちゃんと受け入れて地道に一歩ずつ進めば、充実した春を迎えられそうです。②の「節制」から繰り返しのメッセージですが、やはり地に足を着けて進むことが重要なようです。

ケルト十字

質問 ▶ 親とケンカばかり、関係性を
良くするためにできることは？

CASE 8

⑤ 現在

ワンドの5

⑩ 期待
できる
未来

ワンドの3

だいたい
3ヵ月〜
半年後

① 今の私
の状況

② この状況に
おける
ブロック／
希望

④ 過去

戦車

カップの7

⑥ 近未来

ソードの
ペイジ

⑨ アドバイス
／忠告

節制

⑧ 周り／
相手の
エネルギー

ソードの3

③ この状況に
至った
根本原因

星

⑦ 私の
エネルギー

ソードの8

ペンタクル
の6

冷静に話し合うことで、急速に解決へと向かう

① **今の私の状況**　「解決したい」という前向きさや意志の強さが感じられます。「戦車」は勝利のカードなので、あまり心配しなくても良さそうです。「戦車」は、スピードも速いので、行動さえすれば急速に解決へと向かいそうです。

② **この状況におけるブロック／希望**　関係性を良くしたいという気持ちを出すことで、相手からも同じ気持ちが返ってきそうです。

③ **この状況に至った根本原因**　「星」は希望や癒し。親子関係に癒しをもたらし、以前のように仲良くなりたいという質問者さんのピュアな気持ちが見えます。

④ **過去**　センスや価値観の違いから親子で選択するものが異なり、それが原因で関係がこじれていったよう。

⑤ **現在**　まさに現状のケンカを表現。

⑥ **近未来**　たとえ言いづらくても、言われて嫌だったことや傷ついたことを、お互い冷静に話し合えるよう意識すると良さそうです。

⑦ **私のエネルギー**　現在の状況は、自分次第で居座ることも抜け出すこともできます。今回は全体から前向きな印象を受けるので、自ら抜け出せそうです。

⑧ **周り／相手のエネルギー**　親も居心地が悪く、早く心に刺さった剣を抜いて、歩み寄りたいと思っているよう。

⑨ **アドバイス／忠告**　②の「ペンタクルの6」、⑥の「ソードのペイジ」と合わせて、冷静に意見交換をすることでバランスが保てそうです。

⑩ **期待できる未来**　仲直りをした結果、より良い関係を築こうという意志が出てきます。丘の上の見晴らしが良いところに人がいるので、関係がクリアになり、お互いの理解を深められるハッピーエンドが待っているようです。

ポイントにオラクルを引いてみた！

CASE 9 宇宙さんからの通信簿スプレッド

スプレッド
P.135

① 今年の総評

ペンタクルの 3

FAILURE
（失敗）

③ 恋愛（人間関係）面
② 仕事面

ペンタクルの 5

太陽

④ 健康面　⑤ 精神面

皇帝

カップのキング

⑥ 来年に向けてのメッセージ

使用したオラクルカード
▶ The Soul's Journey
Lesson Cards
（ソウルズジャーニー
レッスンカード）

ソードのエース

PEACE
（平和）

仕事や人間関係で揉まれ、
感情面で成長できた1年

① **今年の総評**　人と協力して良いものづくりをする「ペンタクルの3」と「失敗」。失敗した経験をバネに、より良いものづくりができたというメッセージが読み取れます。

② **仕事面**　「ペンタクルの5」の孤立感が出ていることから、最初は頑なにひとりでやろうとしていた様子。ですが、①にあるように人に協力を仰ぐなど柔軟に対応したことで次第に上手くいったようです。

③ **恋愛（人間関係）面**　「太陽」が出ていることから、仕事よりも恋愛などの人間関係にスポットが当たっています。①とつなげて読むと、周囲と良好な関係を築けたことを宇宙さんから褒められているようです。

④ **健康面**　「皇帝」は質問者さんがリーダー気質で自分のことは自分で決めるタイプだということを表しています。体調が悪い時にも自分の判断できちんと休むなど、その気質が健康面では特に良い方向に働いたようです。

⑤ **精神面**　「カップのキング」は感情のスートのトップのカードであり、器が大きく愛情深い人です。この1年、人間関係や仕事で揉まれたことでカップのキングのような器の大きい人間に進化できました。自分の気持ちを大切にしながら、周囲の人の気持ちまで考えられるようになったようです。

⑥ **来年に向けてのメッセージ**　新たなスタートを表す「ソードのエース」と「平和」。今年は人間関係で揉まれながら精神的に成長した年でしたが、来年は今年の学びを応用することで、より平和な人間関係が築けそうです。

年間スプレッド

CASE **10**

（質問）今年1年を幸せに過ごすには？

スプレッド
P.136

12月

カップのキング

11月

ペンタクルの
ペイジ

1月

ペンタクルの3

2月

女教皇

10月

節制

テーマ

NEW BEGINNING
（新しいはじまり）

3月

ワンドのナイト

9月

星

8月

魔術師

7月

ワンドの6

6月

戦車

5月

正義

4月

ソードの5

使用したオラクルカード
▶ Angel Prayers Oracle Cards（エンジェルプレイヤーオラクル）

Reading

新しいチャレンジをしながら、
自分の信じる道を突き進む

今年のテーマ 「新しいはじまり」。新しいことに積極的に挑戦するのに良い年になりそうです。

1月 「ペンタクルの3」はクリエイティブなことが始まることを示唆。スキルや経験があるようなので自信を持って取り組んで。

2月 「女教皇」は静のカード。外に向かって世界を広げるよりも内観すると良い時期。自分がどうしたいのか、自分の内面に答えを求めましょう。

3月 一転して、内観して出した答えを行動に移す時。

4月・5月 「ソードの5」が「正義」を見ていることから、外野がうるさいかもしれませんが、自分が信じる道を進むしかないと腹を括って。

6月・7月 「戦車」と「ワンドの6」はどちらも勝利のカード。5月に見いだした道筋をもとに走った結果、この辺りで成果が出せるかも。

8月 「魔術師」は夢を叶えるための材料をそろえているので、あとは行動あるのみ。6月〜8月にスピード感を増して進んでいけそうです。

9月 「星」が出ていることから、より大きな望みが実現しそう。

10月 「節制」は、6月ごろからずっと走ってきたことに関し、この辺りで一休みするなどバランスを取ってというアドバイス。

11月 「ペンタクルのペイジ」で、今年の一連の流れから得た学びの結論が出ます。

12月 「カップのキング」がいるので、感情面で一回りも二回りも成長できそうです。11月のペイジがキングにペンタクルを差し出していることから、11月の学びが12月の成長につながったと考えられます。

 年間スプレッドの場合、ジャンピングカード（P.127）はその月の重要度を表している場合が多いです。出た場合はなるべく受け取ってみて。

Reading Work

自分と向き合う
リーディングワーク

カードリーディングは、自分自身のことをより良く知るためにも有効な手段です。ここでは2つのリーディングワークを紹介します。一問一答形式でタロットカードを引きながら、自分自身への理解を深めていきましょう。

Let's try! ワークに挑戦！

手順1
**質問に対して
1枚カードを引く**

まずはカードから直感的な印象やイメージを受け取りましょう。つい解説ページの解釈と突き合わせてカードを読みがちですが、できるだけ自分の直感を頼って。

手順2
**気になったものを
書き出す**

カードの細部まで見て、気になったシンボルや色、数字などに注目。そこから自分が連想する人やモノ、出来事、キーワードなどを書き出しましょう。

手順3
**結論を
導き出す**

解説ページも参考にしながら、書き出したイメージやキーワードをつなげて結論を書き出します。正しいかどうかではなく、自分がピンとくるかどうかが重要です。

Work
1

自分を知る
リーディングワーク

自分の才能や未来を知るための8つの質問を用意。リーディングを通して、自分の隠れた才能や魅力を発見しましょう。

① 自分の隠された能力は？

> 出たカード

例

ソードの6
船頭さんのように、安全な場所へ導く能力があります。争いを鎮めて、困っている人を導いてあげるなど、仲介能力が高いようです。

② 過小評価している自分の能力や才能は？

> 出たカード

例

ペンタクルのクイーン
お金を生む才能の他、温かい家庭や居心地の良い場所をつくる才能があります。基本的に面倒見がいいようです。

③ 前世で得たものや培ったものは？

出たカード

ソードの5

人間の黒い部分を見て、そこからの蘇生術を試行錯誤した前世。争いごとに巻き込まれないよう、平和に生きる術を培ったようです。

④ 自分の魅力を出し惜しみしないためのアドバイス

出たカード

ペンタクルの7

結果が見えなくても継続すること。確実に芽は出るはずなので、自分の能力を発揮する場所を見極めながら役目を果たし続けましょう。

⑤ 自分のポテンシャル

出たカード

ソードの7

他人のネガティブな思考を取り除いてあげることができます。第三者的な視点から観察しつつ、自身の学びにも結びつけられます。

⑥ 目標や願いを叶えるためのアドバイス

出たカード

ワンドの6

勝利のカード。今の調子で
がんばり続ければ、間違い
なく成功できそうです。宇
宙さんから特に注意するこ
とはなさそうです。

⑦ 5年後の自分からのメッセージは？

出たカード

ソードのナイト

今は勢いがあり、他の人が
追いつけないくらいのスピ
ードで突き進んでいる様子。
未来の自分は「その調子で
いいよ」と言っています。

⑧ この時代に生まれたからこそ、伸ばすと大成する自分の才能

出たカード

ソードの9

ネガティブ思考にとらわれ、
思い悩んでいる人を救う才
能があります。周囲に困っ
ている人がいたら率先して
手を差し伸べましょう。

自分を知る
チャクラリーディングに挑戦

自分の状態をフラットに見たい時には、チャクラリーディングがオススメ。タロットカードはそれぞれのチャクラの状態、オラクルカードはそれに対するアドバイスを表します。 | チャクラとは？ → P.146 |

 ①  ②  ③  ④  ⑤  ⑥  ⑦

第1チャクラ（ルートチャクラ）　第2チャクラ（セイクラルチャクラ）　第3チャクラ（ソーラー・プレクサスチャクラ）　第4チャクラ（ハートチャクラ）　第5チャクラ（スロートチャクラ）　第6チャクラ（サードアイチャクラ）　第7チャクラ（クラウンチャクラ）

> オラクルは
> タロットと同じ枚数
> or
> 不調なところだけ
> 引いてもOK！

| ① 出たカード |
| ② 出たカード |
| ③ 出たカード |

| ④ 出たカード |
| ⑤ 出たカード |
| ⑥ 出たカード |
| ⑦ 出たカード |

例 〈 タロットとオラクルを1枚ずつ引いてみた！

①	②	③	④	⑤	⑥	⑦
恋人	ワンドのナイト	ソードの9	ペンタクルの5	ワンドのキング	ソードの10	教皇

DILIGENCE	GATEWAY	OPENNESS	ILLUMINATION	FLOW	WONDERS	POWER
（耐え忍ぶ力）	（ゲートウェイ）	（受容）	（啓蒙）	（流れ）	（驚異）	（力）

使用したオラクルカード ▶ Sacred Destiny Oracle（セイクレッドデスティニーオラクル）

Reading

辛い経験から学びを得ることで、不調なチャクラも復活

① **第1チャクラ**　「恋人」の「選択」とオラクルの鳥が俯瞰しているカードから、客観的な視点を持って選択することを積み重ねれば、より良い状態に。

② **第2チャクラ**　クリエイティビティは活発なので、オリジナリティを発揮した先に新たな道がひらけそう。

③ **第3チャクラ**　胃の辺りが不調のよう。オラクルは夜のカードが出ているので、しっかり眠ることが復活のポイントに。

④ **第4チャクラ**　孤独感の中、ハートが弱り気味。オラクルを見るとハートチャクラのテーマカラーである緑色がグレーにくすんでいることからも不調が読み取れます。②は元気なので、趣味など好きなことで気分を上げて。

⑤ **第5チャクラ**　「流れ」のカードが出ているので表現力は◎。②と合わせて自分のクリエイティビティを発揮できそう。

⑥ **第6チャクラ**　目の前のトラブルにとらわれ、サードアイが閉じています。辛い経験を昇華させ、自分を出し惜しみしないことでサードアイが復活しそう。

⑦ **第7チャクラ**　「教皇」のカードから、宇宙さんからのメッセージを受け入れたいという意志を感じさせます。天の力を信じたいという積極的な姿勢が見られるので、現状から学びを得ることで、他のチャクラも復活していきそうです。

やり方は
WORK1と
同じ！

Work 2 — 自立恋愛の リーディングワーク

人間関係を営む上で、私が大切だと感じているのが「自立」です。その派生とも言える「自立恋愛」のベースは、自分に自信を持ち、自分で自分を満たすこと。そのためのヒントを探りましょう。

① 宇宙さんから見た自分の姿や魅力は？

出たカード

例

女教皇

直感力に優れ、知識や知恵も豊富な賢い人です。静のエネルギーを持っているので、どんな時も冷静に人を見抜く力があります。

② 自分に自信を持つには？

出たカード

例

ワンドの10

自分に多くを求め過ぎることで、自信を失くしがちに。今のキャパシティの限界を受け入れ、一度に取り組む量を減らしてみましょう。

③ 自分にぴったりのセルフケア

<table>
<tr><td>出たカード</td></tr>
</table>

ペンタクルの2

寝る前の数時間はプライベートに充てるなど、1日のルーティンの中にセルフケアの時間を組み込むことでバランスを調整して。

④ 欠乏感の原因と対処法

<table>
<tr><td>出たカード</td></tr>
</table>

カップの4

人の助けを受けるのが苦手。ひとりで何とかしなきゃ、という思いが欠乏感につながりがち。周囲の人や宇宙さんの助けを受けましょう。

⑤ ブレない私でいるには？

<table>
<tr><td>出たカード</td></tr>
</table>

ソードの5

人がどう思うかはその人の自由。マインドゲームに巻き込まれないためにも、人の噂を気にせず、悪口を言われてもスルーして。

Let's Try! *Heart Spread*

\ 自立恋愛のための /
ハートスプレッドに挑戦

自分軸を中心とした、人間関係全般のメッセージを受け取ることができます。その人と出会った意味やそこから学ぶべきものなど、恋愛はもちろん、気になる人間関係についてたずねてみましょう。

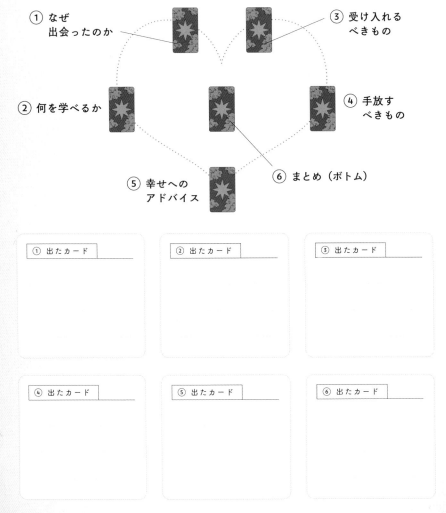

① なぜ
　出会ったのか

③ 受け入れる
　べきもの

② 何を学べるか

④ 手放す
　べきもの

⑤ 幸せへの
　アドバイス

⑥ まとめ（ボトム）

① 出たカード

② 出たカード

③ 出たカード

④ 出たカード

⑤ 出たカード

⑥ 出たカード

例 タロットとオラクルを1枚ずつ引いてみた！

質問 ▶ **相手との関係をより良いものに進化させるには？**

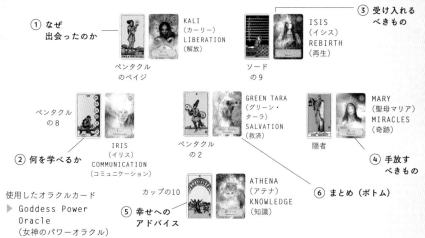

① なぜ
出会ったのか

ペンタクルのペイジ

KALI
（カーリー）
LIBERATION
（解放）

③ 受け入れるべきもの

ソードの9

ISIS
（イシス）
REBIRTH
（再生）

ペンタクルの8

IRIS
（イリス）
COMMUNICATION
（コミュニケーション）

② 何を学べるか

ペンタクルの2

GREEN TARA
（グリーン・ターラ）
SALVATION
（救済）

隠者

MARY
（聖母マリア）
MIRACLES
（奇跡）

④ 手放すべきもの

カップの10

ATHENA
（アテナ）
KNOWLEDGE
（知識）

⑥ まとめ（ボトム）

⑤ 幸せへのアドバイス

使用したオラクルカード
▶ Goddess Power
Oracle
（女神のパワーオラクル）

Reading **喜びも負担も共有することで、支え合える関係に**

① **なぜ出会ったのか** 学びと解放のカード。今回の出会いを通して、人に頼ることや助けを受け入れて良いのだと知ることが学びとしてありそう。

② **何を学べるか** 相手に助けを求め、自分の気持ちを表現する姿勢を学びます。「イリス」の番号22の2は「信じる」という意味。人に心を開いても大丈夫だと信じて。

③ **受け入れるべきもの** 独力では限界があることを受け入れましょう。2つのカードの数字24と9を足すと33に。3は、かつて「人間」を経験し、今は高次の存在となったアセンデッドマスターの数字。

④ **手放すべきもの** 「隠者」のようにひとり閉じこもることを避けましょう。マリア様が出ていることから、マリア様やマリア様と関わりのある人や場所に癒しを求めてもいいかも。

⑤ **幸せへのアドバイス** 相手と関わり、信じ合うことを求めましょう。これまで蓄えてきた知識を周囲に分け与えることで、みんなが幸せになれそう。

⑥ **まとめ（ボトム）** 喜びも負担も分け合うことで、お互いに支え合えるバランス感が生まれます。「グリーン・ターラ」の緑色とオレンジ色から、ハートが癒されることでクリエイティビティが活発に（P.147参照）。うれしい、楽しいという気持ちを大切にすれば、自然とより良い関係が築けそうです。

タロット&
オラクルリーディング
Q & A

Q. ライダー版とはかけ離れた
デザインのタロットでも大丈夫?

A. 基本をインプットすればライダー版同様に使えます

慣れてくると、ライダー版(ライダー・ウエイト・スミスタロット)以外でも同じように読み解けるようになりますが、最初のうちはライダー版でベーシックな意味を理解した方が読みやすくはあります。ただし、タロットの意味がわからないからこそ、オラクルのように自由な読み方を楽しむのもオススメ。巻末にさまざまな種類のタロットを紹介しているのでぜひ参考にしてください。

Q. ルノルマンカードも、タロットや
オラクルと同じ感覚で使える?

A. ネックレスのチャームやトランプを使ってもOK

ルノルマンカードも全く問題なく使用できます。他にもトランプを使ったり、ネックレスなどについている星や月のチャームをボウルに集めて、取り出したものからリーディングをすることもできます。自由に楽しんでくださいね!

Q. カード購入後に、やった方がいいことは?

A. ゲンコツで軽くノックしエネルギーを注入

カードが箱に入った状態で、ゲンコツで軽くコンとノックしましょう。浄化の他、自分のエネルギーを注入するという意味もあります。さまざまな人の手を介してあなたのもとにやってきたカードに対し、ねぎらいとおもてなしの気持ちを込めて行いましょう。

Q. すべてのカードがそろっていなくても使える?

A. 直感を使えば大丈夫。意図的に抜いて使っても

必ずしも全部のカードがそろっている必要はありません。たとえば、「死神」や「塔」といったネガティブな印象のあるカードが苦手な人は、それらのカードを抜いてリーディングをしてもいいのです。宇宙さんはそれを考慮して、似たようなニュアンスのカードを選んでくれます。他にもリーディング中に起こる出来事や外から聞こえてくる音など、さまざまな手段でメッセージを伝えてくれますし、カードにない部分は直感で補うことも可能です。

Q. 宇宙さんからのメッセージが理解できない! 受け流してもいい?

A. 時間を置いてやり直すか補助カードを活用して

そういう時は時間を置いてからやり直したり、オラクルで補助カードを引いたりするのがオススメです。それでもわからない時は、受け流すのもアリ。後々起こった出来事から「だからあの時、そう言われたんだ」と気づける時がくるはずです。

Q. カードは定期的に浄化した方がいい？

A. 浄化が必要かどうか、カードに聞いてみよう

久しぶりにカードを使用する際には、浄化をした方が良いでしょう。頻繁に行う必要はありませんが、気になる人は浄化すべきタイミングかどうかをカードに聞いてみて。カードにたずねて、ネガティブなカードが出た場合は浄化を欲しているサインです。浄化をする時は、ホワイトセージやパロサント、お香の煙でいぶす他、月光浴やカードの上にクリスタルを置くのもオススメです。

Q. 人のリーディングをしている最中に「自分へのメッセージ」と思うことは？

A. 他者リーディングでは共通点があるケースが多い

しょっちゅうあります！ 他者のリーディングを行う場合には、何かしらの意味があって相手と自分が引き合わされた可能性があります。「リーディングの相手が今、苦労していることは、以前自分が経験したこと」など、似たような経験を持つ者同士が引き合うことはよくあるので、自分に対するメッセージでもあると捉えて問題ありません。

Q. 自分の星座カードが出た場合、どのように捉えればいい？

A. パワーがある状況。自分らしく、出し惜しみしない

リーディングの流れや文脈にもよりますが、私は「自分のこと」と読み、基本的にはその状況において自分にパワーがあると受け取ります。特に、ワンオラクルで自分の星座カードが出た場合には「出し惜しみしない」「抑圧に負けずに自分を表現する」「自分らしく」といった読み方をします。それだけではもの足りないと感じたら、カード本来の意味を加える場合も。

Q. スプレッドを使わず、気軽に行う方法は?

A. 上から順に1枚ずつめくってもOK

カードとの会話を楽しむように、上から1枚ずつめくっていく方法も。めくっていくうちに納得のいく結論にたどり着く時がくるので、締めのカードが出たと感じたら終わりにします。慣れてきたら1枚のカードから必要なメッセージを受信できるようになりますが、最初のうちは読みきれないことが多いのでこの方法がオススメ。

Q. 何回引いても同じスートのカードが出るのはなぜ?

A. 出るスートにも出ないスートにも意味がある

たとえばソードのカードばかりが出る時は「頭でっかちになっているかも」と捉えることができ、「コミュニケーションや直感を重視して」というメッセージに読み取れます。反対に一部のスートだけが出ない場合には、たとえば「カップだけ出ない」のであれば「ワクワクする気持ちを大切に」などというメッセージにも読み取れます。スートの偏りから読み取れることは多いので、ぜひ着目を。

Q. 自分や気になる人のキャラクターをリーディングするには?

A. 人物カードだけでリーディングしてみよう

自分や相手を最も的確に象徴するキャラクターはどのカードなのか、たずねながらカードを引いてみてください。時期や状況、置かれている立場、成長度合いなどによって、出てくるカードが変化することもあります。定期的にリーディングを行い、変化の様子を観察するのもおもしろいですよ。慣れてきたら、大アルカナの人物を思わせるカードも追加してみると、内容がさらに充実します。

タロット＆オラクルカード

ORACLE CARD

この本で使用したオラクルカード

本書の解説や実例ページで使用したオラクルカードを
紹介します。絵柄やメッセージを見て気に入ったもの
があればぜひ使ってみてください。質問内容や気分に
合わせてさまざまなカードを使い分けるのもリーディ
ングの幅が広がるのでオススメです。

ORACLE
1
Spellcasting Oracle Cards
スペルキャスティングオラクルカード

著者／フラビア・ケイト・ピーターズ、バーバラ・ミクルジョン＝フリー

魔女っ子必見のデッキ！魔法や呪文のかけ方が解説書にたくさん載
っています。カードはシンプルでビギナーにも親しみやすいです。

ORACLE **2** **Goddess Power Oracle**

女神のパワーオラクル　著者／コレット・バロン=リード

さまざまな女神様を集めたデッキ。女性としての強さや勇気、しなやかさをリマインドしてくれる、お守りのようなカードです。

ORACLE **3** **Angels and Ancestors Oracle Cards**

エンジェルズ＆アンセスターズオラクルカード

著者／カイル・グレイ

地に足を着けてグラウンディングしながら、天使さんや宇宙さんのメッセージをスムーズに受け取れる、バランスの良いカードです。

ORACLE **4** **Work your light oracle cards**

ワークユアライトオラクルカード　著者／レベッカ・キャンベル

「The Starchild Tarot」(P.187) の著者がアートを手がけた美しいデッキ。１枚１枚が華やかで宇宙さんの波動を感じたい人にオススメ。

The Spirit Animal Oracle
スピリットアニマルオラクル　著者／コレット・バロン＝リード

ビギナーさんにぜひオススメしたいデッキ。動物たちがお花やアクセサリーで色鮮やかにお洒落をしている姿がかわいいです。

Angel Prayers Oracle Cards
エンジェルプレイヤーオラクルカード　著者／カイル・グレイ

大天使を主軸とした天使系のデッキ。全カードに祈りのアファメーションが書かれていて、ポジティブ思考をサポートしてくれます。

Sacred Destiny Oracle
セイクレッドデスティニーオラクル　著者／デニス・リン

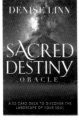 

まるで美しく壮大な自然の写真集のよう。キーワードと絵柄の関連がわかりやすく、読みやすいです。グラウンディングしたい方にも◎。

ORACLE
8

daily crystal inspiration
デイリークリスタルインスピレーション

著者／ヘザー・アスキノジー

石好きの方にオススメ。白い背景が、クリスタルのありのままの魅力を引き立ててくれます。メッセージもシンプルで使いやすいです。

ORACLE
9

The Soul's Journey Lesson Cards
ソウルズジャーニーレッスンカード

著者／ジェームズ・ヴァン・プラグ

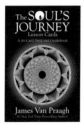

美しい曼荼羅のデッキ。抽象的なものからメッセージを受け取る訓練にもなります。ポジティブなカードだけ抜き取って使うのもオススメ。

ORACLE CARD

● **カードの問い合わせ先**

ライトワークス

世界各国で人気のオラクルカード＆タロットカードの日本語版を多数制作。ネット販売（http://light-works.jp）の他、実際にカードに触れて選ぶことができる実店舗（東京）も。

**ライトワークス
五反田本店**

東京都品川区西五反田
2-23-1
スペースエリア飯嶋1F
☎12：00〜19：00
㊡月、火、祝日

TAROT CARD

りえ愛蔵タロットコレクション

タロットカードには、本書で使用したライダー版以外
にもさまざまなデッキがあります。スタンダードなラ
イダー版に慣れてきたら、個性的なカードを使ったり
コレクションしたりして楽しむのもオススメです。

※紹介するカードの中には、日本では手に入りにくいカードや、現在は異なる
バージョンでの販売となっているカードもあります。ご了承ください。

TAROT 1 The Enchanted Tarot
著者／Amy Zerner, Monte Farber

コラージュの織りなす緻密で鮮やかな世界観が美しい！ご夫婦で制作し
た作品だというのも魅力のひとつです。りえはおふたりの大ファン♡

TAROT **2** Ethereal Visions Illuminated Tarot Deck
著者／Matt Hughes

アール・ヌーヴォーにインスパイアされたデッキ。箱とカードに箔押加工が施されたゴージャスなデザイン！ミュシャ好きにオススメ♡

TAROT **3** The Starchild Tarot (Akashic)
著者／Danielle Noel　Webサイト／https://www.starchildtarot.com

ストイックなほどにこだわり抜いた完成度の高いデザインと、どこかふんわりとした女性的な雰囲気が魅力。宇宙好きにオススメ！

TAROT **4** The Fountain Tarot
著者／Jonathan Saiz

透明感とはかなさを感じさせる静かな雰囲気を放つタロット。ホログラムが施された箱に、シルバーの縁というデザインのこだわりも魅力。

TAROT 5 — Prisma Visions Tarot

著者／James R.Eads　Webサイト／https://www.jamesreadsmerch.com

最大の特徴は、小アルカナの各スートの絵柄がつながっていること！
絵画を鑑賞するように、じっくりと愛でたいデッキです。

TAROT 6 — The Muse Tarot

著者／Chris-Anne　Webサイト／https://themusetarot.com

 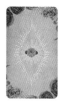   

タロットの登場人物をすべて女性として描いたデッキ。絵柄が美し
く色鮮やかで、使っているだけで女子力がアップした気分に♡

TAROT 7 — The 5-cent Tarot

著者／Madam Clara　Webサイト／https://www.madamclara.com

動物や虫をモチーフにした、人間が一切登場しないタロット！緻密なデ
ザインながら、キーワードが配置されていて意外と読みやすいです。

TAROT **8** Morgan-Greer Tarot
著者／Lloyd Morgan, Bill Greer

基本のライダー版で勉強したいけど、絵が好みじゃない……、という方に。人物が色鮮やかにいきいきと描かれた魅力的なデッキです。

TAROT **9** Golden Universal Tarot
著者／Roberto De Angelis

名前の通り、箔押だらけでキラッキラのデッキ（笑）。タロット初心者だけど、普通のライダー版ではもの足りない！という方に。

TAROT **10** The Housewives Tarot
著者／Paul Kepple, Jude Buffum

主婦をテーマにしたとても個性的なタロット。アメリカンなデザインと世界観がなんともキュート！自由な絵柄から解釈を広げましょう。

おわりに

いかがでしたか？この本を通して、
少しでもタロットカードやオラクルカードに
親しみを感じていただけたなら、とてもうれしく思います。
リーディングを通して宇宙さんとつながることは、
理想の未来にたどり着くためにはもちろん、
いつも機嫌良く、高い波動を保つためにも
有効な方法だと実感しています。
この本の中でもお伝えした通り、
リーディングで一番難しいのは自分自身を見ることです。
私自身、もともと気持ちのアップダウンがある方なので、
リーディングを始めたばかりのころは
メッセージが上手く受信できないこともありました。

しかし、今ではリーディングをすることで、

天使さんや宇宙さんといつでもつながることができ、

自分の状況を冷静に客観視できるようになりました。

理想の人生をつくり上げるためには、

「自分軸」をベースに生きることが何より大切だと

リーディングを通して気づかされました。

世間や他人の言うことに振り回されたり、鵜呑みにしたりせず、

自分自身がどう考え、何を選択し、

どのような行動を自分の意志で起こすか。

その土台となる「自分軸」づくりを

リーディングはサポートしてくれると感じています。

自分の意志や行動次第で、どんな未来も可能だと私は信じています。

天使さんや宇宙さんに見守られていることを感じながら

自分が思う、自分にとっての理想の人生を

ぜひ追求してくださいね。

りえ ::: unicorn in the mirror :::

りえ ::: unicorn in the mirror :::

コズミックコミュニケーター®
「精神的自立を促すメッセージ」を中心に、さまざまなカードを使
って宇宙さんや天使さんからメッセージを受信するオラクル&タロ
ットカードリーダー。YouTubeにてリーディング動画を多数公開。
明るい語り口調と、視聴者に寄り添ったリーディン
グが人気となり3万人以上のチャンネル登録数を誇
る。著書に『一番わかりやすい はじめてのオラク
ルカードREADING』（日本文芸社）がある。

rie_unicorn888   rie_unicorn444

デザイン　吉村 亮、石井 志歩（yoshi-des.）
イラスト　ISHIISHI
編集協力　井藤 祥子
校正　　　玄冬書林

一番わかりやすい
タロット&オラクルREADING

2021年12月1日　第1刷発行
2024年2月10日　第4刷発行

著　者　　りえ
発行者　　吉田芳史
印刷所　　株式会社光邦
製本所　　株式会社光邦
発行所　　株式会社日本文芸社
　　　　　〒100-0003 東京都千代田区一ツ橋1-1-1 パレスサイドビル8F
　　　　　TEL 03-5224-6460（代表）

Printed in Japan　112211117-112240130　Ⓝ04（310073）
ISBN978-4-537-21942-5
©Rie 2021
編集担当：河合